生業の生態系の保全

その建築思想と実践

三井所清典

編集　建築思潮研究所
発行　建築資料研究社

目次

第3章　匠の技術を活かすこれからの建築……81

刊行にあたって

本書は、2018年5月・6月・7月に工学院大学で行われた三井所清典先生による講義を、本としてまとめたものである。出版にあたって、先生並びに先生が主宰するアルセッド建築研究所から新たに資料の提供を受け、必要な箇所は加筆していただき、内容を補足した。

工学院大学で行われた講義の全体の共通テーマは、「地域力が育む木造建築とまちづくり―生業（なりわい）の生態系の保全」で、各回の講義の主題は、「地域住宅とまちづくりの思想と実践」「地域でつくる中大規模木造建築の実践と課題」「匠の技術を活かすこれからの建築」であった。本書が三部構成となっているのは、三回の講義をもとに本書を作成したからということになる。また、本書のタイトルにある『生業（なりわい）の生態系の保全』は、講義の全体テーマであったわけだが、それは三井所先生が近年提唱されているもので、先生が研究、教育、実務を通してたどり着いた、建築はかくありたいという目標とでも言うべきものである。

三井所先生の建築作品や建築への考え方を総合的に詳しくまとめたものとしては、先生が芝浦工業大学を退職された2006年に発行された『地域社会に根づく建築の教育と創作』がある。同書の内容は本書と重なる部分も多いが、同書は先生の研究室のメンバーをはじめ限られた人のみに配布されたものである。そのため、多くの人は目にしていない。加えて、同書の出版後も、先生は精力的に活動を続けられており、多くの作品を手掛けることに加え、これからの建築の在り方についても様々なことを提唱されている。「生業（なりわい）の生態系の保全」はその代表的なもののひとつといえる。さらに、親しい知人に聞くとそのほとんどが、先生の講演やお話しを、建築作品、木造建築、まちづくり等の個々のテーマで個別に聞いたことはあっても、そのすべてを聞いたことがないとのことだった。

そこで、近年の仕事で先生と関わりのある有志が集まり、先生が提唱されている「生業（なりわい）の生態系の保全」を共通テーマとして、建築作品や建築に対する考え方を、近年の活動を含めて、先生に改めて講義していただき、その内容を本にまとめようとなった次第である。我々の提案を快諾していただいた先生に改めて感謝申し上げたい。また、本書の作成に賛同し、協力いただいたアルセッド建築研究所の皆様、出版を引き受けてくださった建築資料研究社、編集の労をとっていただいた小泉淳子さんをはじめとする建築思潮研究所の皆様に感謝申し上げる。また、本書の出版にあたり趣旨に賛同いただき、アーネストアーキテクツ株式会社をはじめ多くの方々から出版のための資金を提供いただいた。この場を借りて御礼申し上げたい。

本書を通じて、建築家であり、かつ、研究者、教育者でもある先生の建築に対する実践的な取り組みや建築作品、並びに、先生の建築に対する熱い思いを、少しでも多くの方に伝えることができれば幸いである。

２０１９年１月　刊行委員会代表　後藤治

まえがき

佐賀県有田町から始まった私の地域型住宅づくり、さらには町並みづくりやまちづくり活動のなかで、各地の多くの設計者や工務店、大工や左官等さまざまな職人と出会い、住まいや建物がどういう人のどんな繋がりで出来ているかを広く知ることができた。この本の元になった工学院大学での3回の公開講義では、建築や住宅、特に住宅の発注者や使い手とつくり手の関係を社会の仕組みと捉え、その仕組みが地域社会の中に健全に存在することを願いながら支援したり、体験した事例の話をさせてもらった。そのためにはまず、つくり手の連携がいかに大事で、いかにあるべきかを語らせていただいたつもりである。そこでのキーワードは「協働」であり、「生業(なりわい)の生態系の保全」であった。

地域の建築的環境づくりを「まちづくり」というなら、それは一人とか一つの事務所だけでは絶対にできない。それを可能にするのはその地域に関わるほとんどの設計事務所や工務店が一緒になって推進することが必要であり、それを「協働」と表現した。それは有田HOPE計画の策定とその後のメンバーの活動の成果を見るなかで自然に使い始めた言葉であった。「生業の生態系の保全」という表現は、中越地震で甚大な被害を受けた旧山古志村の住宅復興に携わっていたとき、思索していて思い至った言葉である。これは極めて重大な社会的課題であり、中山間地の山古志だから気づくことができた社会システムであったが、今はどんな地域社会であっても、現代社会になくてはならない社会システムであり、社会構造として確立しなければならないものと思っている。

山古志の村民は被災後、全員が山を離れ、長岡市郊外の応急仮設住宅に避難していた。村の人々が一日も早く山に戻り、村の産業である「棚田での米づくり」や「錦鯉の養殖」などの生活復興に取り組めるようにすることが最大の課題で、そのための住宅再建策を講じることが私達の任務であった。村中の住宅が被害を受けたが破損した住宅の状況は大まかにいって半数は修理で復旧し、残り半数は新しく建て直さなければならなかった。住宅再建はスピードが重要だが、耐震性能や省エネルギー性能、豪雪に耐える性能等の基本的な性能の他、現代の住まいとしての快適性も求められた。さらに私は、山古志らしさを失うことなく、原風景にもなる復興住宅が望ましく、しかもそれを供給できる仕組づくりが重要であると思った。この復興住宅を進めるうえで、私は「小さくて、安くて、未完成な住宅」を形にしようと考えた。またそれは、山古志の大工・工務店の誰でももっている技術でつくる木造軸組構法であることを前提とした。被災者の中には自分は財力があるから、自らの復興住宅は大きな住宅を建てたいと思う人も当然いるだろうが、とりあえずは、小さくて、安くて、未完成の住宅を建ててほしい。そして、生活復興をしながら、復興後の社会に引き継いでいき、必要に応じて増築や内装工事を行うように願った。そうすることで地元の大工をはじめとする地域の職人達が継続的に仕事をすることができる。

村の住宅の改修が終わり、新築の復興住宅が十分大きな満足する住宅として完成した後の社会を想像してみた。復興後の社会で村民は再び棚田の米づくりと錦鯉の養殖に勤しむことができるようになった状態で、当分住宅の修理や新築を注文する人はいないだろう。それが2年～3年、あるいは5年～6年続くかもしれない。仮に10年も続けば、村の工務店はなくなり、大工、他の職人達は誰もいなくなるだろう。そして20年～30年経って、住宅に不具合が生じた時に村民は近所に相談できる工務店がないことに気づくことになる。村の人達は大いに困ってしまうだろう。これを人の健康や病気のことにあてはめてみると、お医者様が全くいない村と同じことになってしまうのではないかと思い至った。維持保全の技術は新しくつくる技術と同じで、実際には新築の時以上に工夫を要する技術である。その技術は直接的には職人や匠達の技術となる。

工務店や大工、他の職人達の仕事が継続することはつくり手側に必要なだけでなく、利用者である住民にとっても必要なことである。そう考えると、つくり手の存在は山古志村にとって必要な社会システムであるということになる。ここまで理解が深まってくると、ことは山古志の問題だけではなく、我が国の社会一般の問題であることが明らかになってくる。

東日本大震災の直後、私は山古志の体験を被災した各地に伝えようと講演して廻った。小さい世界だから、見えてきた原理であったが、東北の広範な地域や大都市でも活かされる普遍性のある原理だと思ったからである。

建築という「もの」は他の工業製品と寿命が違う。耐久消費材と言われるものの寿命はほぼ10年くらいであろう。それ故、古いものは価値がなく、新しいものに価値が移ることになる。それに対し、建築の寿命は60年~80年、100年以上のものが少ない。しかも建築を健全に保つためには維持保全の技術が必要となる。それ故に、建築においては古い技術の価値が継続し、その技術が新しい技術と共存融合することが必要になる。このことは建築という「もの」の視点に着目しても、職人や匠達のさまざまな技術の継承が求められることになる。

こういうことを「生業の生態系の保全」と表現し、多くの人に伝え、それを広め、地域社会のシステムとして確立されることを願っている。

三井所清典

地域に根ざした家づくり・町並みづくり
――住居環境創造の手法をさぐる――

三井所清典

キーワード　HOPE計画・町並み・地域型住宅・民家再生・伝統技術・地域工務店
地元設計者・コンサルタント・ワークショップ・環境共生住宅・環境共生住宅団地

「地域に根ざす」あるいは「地域に依拠する」という概念が建築活動の中に現われるようになって、ほぼ四半世紀が経つ。筆者は、公害問題が起こり、大学では学生達の意義申し立てが起こるなど、昭和40年代半ばに生じた「現代（モダニズム）」というもののチェックと共に、地方とか地域という場に対する意識が強まったと考えている。建築の中でも「農村」という地域を扱う活動はそれ以前からあったが、地域の生活や文化と、地域工務店の活動や木造在来構法という地域の建築生産の現場とを結んで地域の再生や建築設計のあり方が取り上げられることはなかった。それも、戦後復興に際し「標準」という概念が各所に行き渡ったためであり、社会のあらゆる分野で急速な復興を遂げたのはその「標準」の効果であるといっても過言ではない。それは建築の分野でも同様、学校や集合住宅などの公共建築の「標準設計・仕様書」をはじめとして、プレハブ住宅や民間のオフィスビルなどにも、この「標準」の概念が浸透し、復興に対して大きな効果を上げた。したがって我が国では、あたかも「標準」すなわち「現代」という認識になるほどであった。「地域に根ざす」ということは、この全国「標準」の後に生まれてきた対概念として把握すれば納得しやすい。

昭和52（1977）年佐賀県有田町で始まったアルセッド建築研究所の建築設計活動は、「地域に根差す」あるいは「地域に依拠する」ことを目指したものであり、地元の人々には好評を得た。特に2軒の在来軸組構法による木造建築は地元の設計者及び工務店の強い興味を引いたようである。そして昭和59（1984）年の有田HOPE計画策定のコンサルタント活動を契機に地元の専門家達と共同し、まちづくり・住まいづくり活動を実現させた。その仲間達の活動によって、有田の家づくり・町並みづくりは今日も継続しており、少しずつではあるが確実に町の住環境整備は進んでいる。その一連の体験により、地域づくりの技術は、調査・開発段階より地元の人々が参加することで定着すると確信するようになった。以降、地元の多くの人々の参加方式による居住環境整備運動を富山県上平村克雪タウン計画及び合掌の里整備事業、富山県優良住宅協会近代化促進事業、山口県住宅供給公社フォレストタウン熊野計画で実践してきた。これらで体験した地元の人々の参加方式による技術開発を以下の視点に基づき報告の形で紹介する。

・どのような活動を行ったか
・それをどのような制度・組織のもとで行ったか
・その活動がどのような形で普及。浸透していったか

これらの活動は、これから行われる各地の地域づくり、特に地元設計者や工務店を主体とするまりづくりを考えるうえで貴重な試みであり、参考になると思われる。

地域に根ざした家づくり・町並みづくり――住環境創造の手法をさぐる――
住総研、研究年報No.26、1999年版より一部抜粋

編集注／本書を読む前のガイドラインとして再録いたしました

第1章

地域住宅とまちづくりの思想と実践

はじめに

昭和45年にアルセッド建築研究所を開設以来、建築の合理的な生産に関する調査・研究・開発をテーマに活動してきました。特に集合集宅の工業化に関しては、昭和38年に大学を卒業してから、ずっと継続的に取り組んでいました。その最中の昭和52年に恩師の内田祥哉先生から、「有田で国際陶磁美術館という焼物の展示場を設計することを頼まれたけれど、あなたは出身が佐賀だから、たまに帰ると親孝行もできるでしょう」と言っていただき、お手伝いをすることになりました。先生と一緒に初めて有田に行ったのは昭和52年の2月です。昭和52年というのは、これまで私がしてきた仕事とは全く違う世界に入り込むきっかけとなった年です。

最初に町長に案内されて見たのが町並みです。有田の町並みは江戸時代から続いているのですが、防火づくりというのか、漆喰で塗り回した建物が並んでいます。当時私が知っている多くの町並みは戦災で焼けたあとに再建された戦後のとりとめのない町並みでした。そういう時に有田の町並みを見てびっくりしました。その中で、銀行や有力な卸商人など、現代の都会をよく知っている人達がつくる新しい建築が町並みを壊していることに気がつきました。このまま放っておくと、いずれ有田の町並みも普通のよくある町並みのようになってしまうのではないかと思いました。その思いが一つのきっかけです。

もう一つは、焼物をつくっている職人、人間国宝までいるわけですが、職人の皆さんが伝統を守っています。1616年頃、有田郷で磁器の原料になる岩山が発見され、それ以来その岩場の石を粉にして精製し焼物をつくってきました。器に加飾して付加価値を付けて販売します。つくり手と商人が一緒になって町を守っています。よくよく聞いてみると、今右衛門とか柿右衛門さんも当時十三代でした。前と同じことをやっていたら、いい陶工とはいえない。その様式のな

鍋島様式

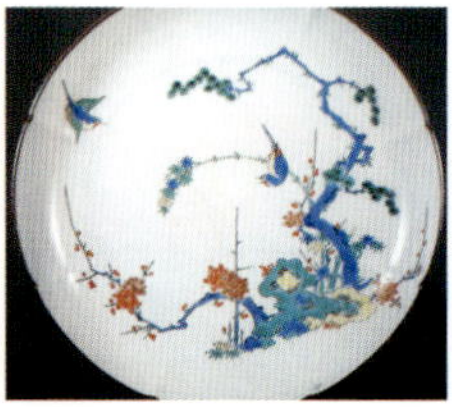
柿右衛門様式

古伊万里様式

次第に日本化した有田の三様式

かで新しいことをやっていかないといけない。それはとても難しいことです。新しいんだけれどやはり柿右衛門様式、鍋島様式と言われるようなものでないといけない。そういう難しい世界で生きている人達がいます。そして、その一方では全国の料理屋さんでお皿を何枚か補充してくれと言われたら同じ絵を描かなければいけない。そういう生き方をしている人達がいることを知った時に、私達が教育を受けた建築の在り方というのが、世界中どこでつくってもいいインターナショナルスタイルのデザイン教育を受けてきましたし、自分もそれに励んできましたけれど、そういう調子で建築をつくったら、有田の人々の生き方とは違うし、町並みも壊れてしまうと理解しました。

それから、もう一つ驚いたことがあったんですが、卸問屋さんが一つにまとまっている大きな卸団地で、外国の方を案内している組合長さんに会いました。あの方はどなたですかと聞くと、ロンドンのハロッズ百貨店の購買部長さんで、数年後にロンドンで大有田焼展を計画しているので下見に来ているイギリス人ということでした。有田焼のヨーロッパでの評価はそういうものなのかと驚きました。この三つの衝撃的な出来事がありました。

国際陶磁美術館をつくるという話ですが、九州の小さな町でなぜ国際だろうと思っていたんですけれど、ハロッズ百貨店の購買部長の姿を見て、それに繋がる意味があると自覚しました。このようなことは、それまでの戦後の住宅不足に貢献するため集合住宅の調査研究と開発設計の役割をしていた私にとって、あまりにも衝撃的でした。本当にこんな風に町を守っている人々がいるのだと思ったところから、建築家として再スタートすることになります。

前置きが長くなりましたが、「地域住宅とまちづくりの思想と実践」というテーマで、実践事例を紹介しながら、思いを語らせていただきます。

現代の鍋島様式。十三代今右衛門のデザイン

1まちづくりの原点――佐賀・有田の建築・まちづくり

1-1　有田焼の伝統と人々の気質

有田の伝統の焼物には古伊万里様式、柿右衛門様式、鍋島様式の三様式があります。最初に初期伊万里と言われる素朴な焼物があります。オランダの東インド会社は中国の明時代の景徳鎮などの焼物をヨーロッパで売っていました。中国が明王朝から清王朝に変わる時期に窯が荒んでしまってオランダの注文に応えられなくなってしまい、有田が景徳鎮などの代わりをすることになったようです。それで古伊万里様式の文様が生まれたそうです。それで伊万里の港から出島を通ってヨーロッパに輸出されたので、伊万里焼と呼ばれ、古いものはオールド伊万里、日本では古伊万里と呼ばれます。これが伝統の様式として今に受け継がれています。その後、20年から40年の時の経過の中で日本らしい様式と色使いの焼物が生まれました。

その一つが柿右衛門様式で、その後ずっと守られ現在は14代柿右衛門に継がれています。面白いことにヨーロッパでもこの絵柄は描かれています。柿右衛門スタイルという名前で、イギリスやオランダやフランス等の窯でもつくられています。

もう一つが鍋島様式です。極めて精緻な日本画、大和絵のような美しさがあります。これは庶民一般の手には入らないもので、鍋島藩の殿様の参勤交代等の際の友好親睦の贈答品でした。鍋島様式も1600年代中頃に生まれました。この三様式はずっと現在まで守られてきています。二代前の今右衛門さんの鍋島様式の器は現代的なデザインです。

この三様式をいかに守りながら発展させていくかという課題の解決手法の一つとして、国際陶磁美術館建設があったようです。そこでは、ヨーロッパの伝統がどう発展して、今どういうものをつくっているかという変遷を学べるようにして、有田の職人、あるいは商人達が直接見て、新

有田の町並み

1830年建設の建物

しい焼物を開発していく意欲を刺激しようというのが町長以下企画した人々の狙いだったのです。

1-2 有田の人びとの町並み

有田の町並みは、漆喰で塗り回した防火造りで、切妻、あるいは入母屋の妻面を道路側に向けて建ち並んでいます。1828年（文政11）に大火があって、有田千軒と言われた家々が焼けてしまいました。家屋調査の折、見つかった一番古い棟札が、1830年（天保1）です。それ以来こういった建物が町並みの中につくられて、蔵造りの町並みが出来上がっていきます。

1-3 国際陶磁美術館構想から生まれた有田町立歴史民俗資料館と佐賀県立九州陶磁文化館

伝統を守りながら発展させていく。こんな話を町長からお聞きしました。「ベレー帽を被った職人はもうだめですね。彼らは同じものを二つと描かない。職人はある料亭に昔売った焼物を補充していくために同じ絵を描かなくてはいけない。同じ絵がいくらでも描けるのが職人です。そういう職人を育てていかないと有田の将来はない。」と。そういう意味で国際陶磁美術館や有田窯業大学校等の構想がつくられ、内田先生のもと、アルセッドと内田研究室のメンバーで設計が始まりました。ところが、突然、配置計画の最中に建物のうちのある機能の一つを早めに実現させたいという要請が町からありました。それが有田町立歴史民俗資料館（1978年）として実現したものです。本来は国際陶磁美術館の一つの機能をもっている建物

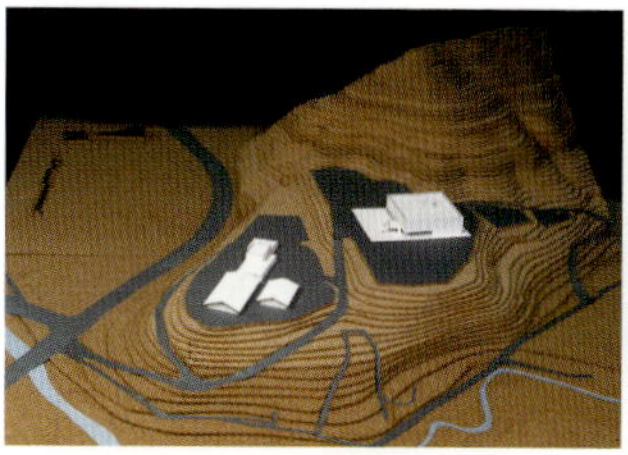

右／有田町立歴史民俗資料館の敷地にアドバルーンを上げて建物の適切な規模を検討する
左／全体模型。模型右は国立西洋美術館。模型左は佐賀県立窯業試験場

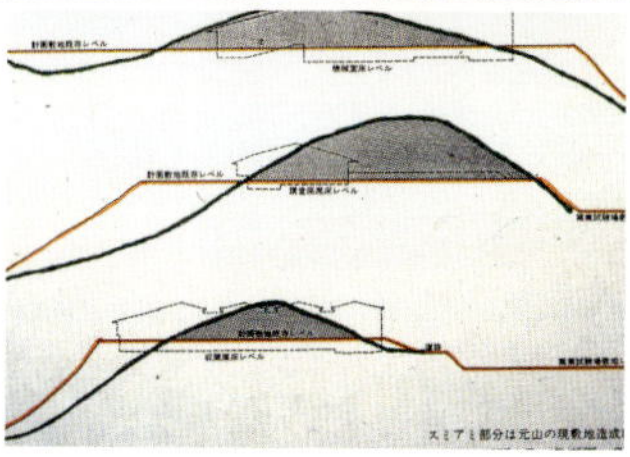

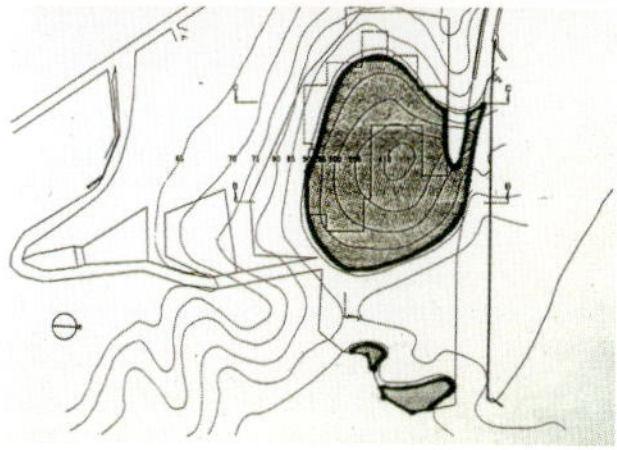

右／敷地断面想定図。スミアミ部分は元山の現敷地造成前の断面
左／敷地平面想定図（元図は1/3000）。スミアミ部分は元山の現敷地造成前の平面

でした。一緒につくるものとして検討していましたが、それだけを52年度内に実現しなければいけないという突然の要請があったものの、全体計画ができていないうちに一つの建物だけを先行してつくるということは難しいので、別の敷地を探して急ぎ設計して建設しました。そして国際陶磁美術館本体の建物は、佐賀県立九州陶磁文化館（1980年）という名前で現在建っています。適用された法律の補助金の都合で、九州圏の陶磁産業振興を目的とする施設として建設されています。本来の国際陶磁美術館の構想とは少し違ったものとして出来ています。国際陶磁美術館の中に意図されていた構想は、これからも考えていかなければいけない有田の大きなテーマだと思っています。

準備された敷地は、有田駅近くの丘を削った平らな高台の土地でした。この下段の高台には佐賀県窯業試験場（現・佐賀県窯業技術センター）がありました。この上の高台に立ちますと、廻りが下り斜面で谷になり、向かいが山で、開発された平地の上ではスケールがよく分かりません。それで高台の敷地模型をつくって、西洋美術館の模型を置いてみました。次に、有田の人達は長崎の26聖人を祀る教会をよく知っているので、その模型を置いてみると、高台のスケール感が分かってきます。一方、高台の建築が下の街からどのように見えるかがよく分からないので、アドバルーンを西、東、南の端に揚げてみました。アドバルーンをデパートから借りてきて、5m毎にゴム風船を付けて見える高さをおおよそ確認できるようにしました。そのバルーンを町中29カ所から写真を撮ってどう見えるか、見えないかを確認しました。想定する建物が有田の町の中でどう見えるのかを予想するためのベーシックな調査です。

実は高台の平らな敷地も7年前に自衛隊に山を削ってもらって平らにしたと、ある時町長の話で知りました。中には谷もあったということで、昔の山を古い写真を探したりして、切った部分と盛った部分を調べました。急ぎ建設することになった歴史民俗資料館は盛った部分に配置し

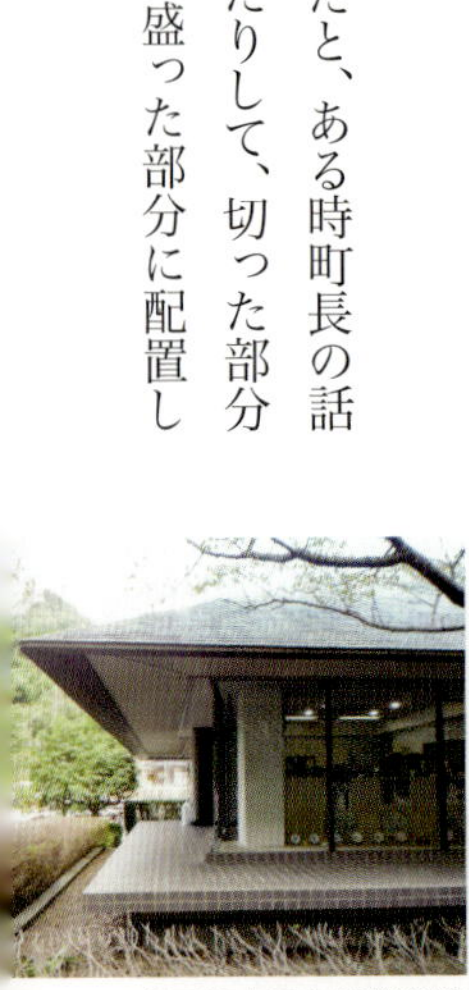
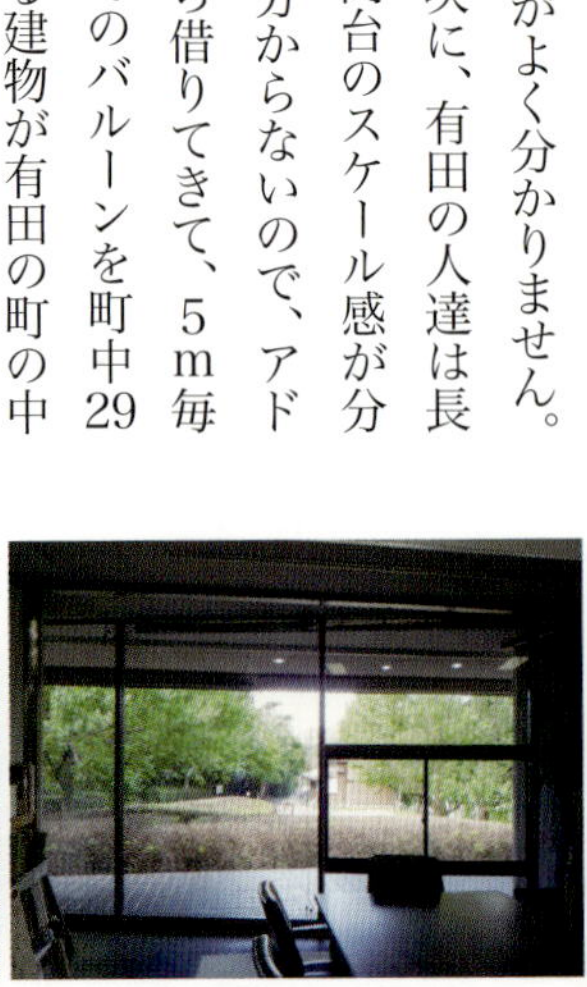

有田町立歴史民俗資料館・1978年／寄棟屋根の深い軒

ていたので、それはまずいということと、工事を先行して建てることができないという二つの理由で、別の敷地を探したのでした。基本的には岩盤の上に載るように配置しましたが、極く一部外れる所もあって、岩盤まで掘ってラップルコンクリートで基盤をつくってその上に戴せました。完成したアプローチ棟は寄棟の建物で、展示棟は切妻屋根の建物です。軒を設けて、勾配屋根にすることで有田の町並みと調和する建築だと理解しています。陸屋根の四角の建築しか設計したことがなかった私にとって、勾配屋根の建築をつくることが難しかった。平面図は描けるんですが、立面図が四角以外は描けない。「佐賀の雨は東京とは違ってものすごい降り方をするので、軒が必要だ。」。もう一つ、「できるだけ早く雨水を外壁の外側に流れるようにしよう。」と内田先生から言われました。国がまだ貧しかった昭和30年代から40年代、防水工事がきちんとできない時代につくられた建築で、雨漏りをする建物がたくさんあります。今回は雨漏りが絶対しない建築をつくりたい。さらに勾配屋根の建築は有田の町に馴染む建築になるという、二つの理由を自分に言い聞かせて納得して、勾配屋根の立面を描くことができました。

　有田町立歴史民俗資料館は軒が深い建物です（右頁写真）。窓を開けていても少々の雨にも安心で、たいへん気持ちがいいです。一度勾配屋根と軒のある建物をつくってしまいますと、あとは気楽にできるという経験をしました。この体験を学生達にもずいぶん伝えてきたつもりです。佐賀県立九州陶磁文化館の入口は軒の深い勾配屋根の建物（下写真）です。中に入ると豊かな空間が広がり、低い軒下の玄関を通って入って行くと、内部空間の豊かさが強く感じられます。こういう建築ですと、もちろん優れた現代建築と思っていますが、何処から見ても有田の風景に合っています。景観を壊してはいない、むしろ有田らしい新しい景観をつくったということが分かります。白いタイルを貼った部分が展示室ですが、この下6mくらいが収蔵庫になっています。風景に合った建築ができました。

佐賀県立九州陶磁文化館・1980年

1-4　山口邸

九州陶磁文化館の竣工式の日に、山口さんから自分の家を考えてくれないかと頼まれました。山口さんの家は有田の中心街に建っていますが、2階建の平入りで、半分を店舗にしていた建物です。完成した家（山口邸・1982年・下写真）は、通りに面する軒を低くしたことによって裏山が見えてきました。それによって町並みが少し変わりました。車が1台停まれるくらいセットバックしています。駐車場は路地から入る奥にあります。門の扉は格子にして前庭と玄関が見えるようにしています。普段の昼間は扉が開いています。玄関を入ると展示ケースがあります。手づくりのよい工芸品を飾って、つくり手を刺激するような情報を発信しています。今ここには今右衛門さんの大皿が展示されています。前庭に面する応接室までは、普段は自由に入れて、誰が使ってもよい洗面所とトイレもあります。当時、街中には公衆便所が無く、来訪者はお店で借りていたので、誰でも使えるトイレになっています。奥の個人の生活の邪魔にならないようになっています。前庭には夏ミカンと椿の常緑樹を植えていて、二つの緑がさらに裏山の緑に繋がります。シンプルな庭ですが、寂しい感じはしません。道路に開かれた前庭空間をつくりました。住まいの中はダイニングコーナーやリビングがあり、2階は数年後にご子息が結婚して帰って来て住めるように準備していました。最初はがらんどうにして、お嫁さんが決まったら相談して決めましょうと。マンションのスケルトン・インフィルの考え方を木造の2階に適用しました。給排水管は場所を決めて用意しておきました。

玄関の正面に飾り棚

庇の低い町並みの門

伝統の陶器の町・山口邸
1982年

建て替え前の山口邸外観

1階の食堂。手前に居間が続いている

後日完成した2階の若夫婦の居間

接客空間から見た前庭

接客の畳8畳と土間。夜や冬は建具で閉める

1-5　其泉荘

次につくったのは其泉荘という工房・宿房です。商人さんが自分で満足するような器をつくって商品化するために、その工房の依頼がありました。私は書家とか画家とか、芸術家がたまに来て遊ぶのもいいのではと提案し、宿房を備えた工房（其泉荘・1985年・下写真）をつくりました。

宿房の居間は、手前の板の間と奥の畳の間に分かれ、畳に座った人と腰かけた人が話をする時に、話しやすい高さとなるようにしました。木造も現代的な感覚で、例えば、水平線を揃えるということをすると、かなりすっきりとしたモダンな建築になります。工房は有田の工房のモデルになるようなものをつくろうということで、仕事をしている様子が少し見えるといいんではないかと。透明のガラスと障子が2枚で引違になるようにしました。その外側には透明のガラスの引違戸があり、間に棚を設けて製品を置けるようになっています。寒さ防止と見え方に面白味がでます。

工房の2階はその年に出来たものを品評するスペースです。商工会議所の会長に「有田の町にこういう建物をつくってくれてありがとう。」と言われました。町のために、焼物のために、いい建物ができたと言ってくださいました。

1-6　修景まちづくり

次は修景まちづくりの話です。ある時、其泉荘の工房・宿房の発注者から店の前の竹の囲いを修理してくれないかと言われました。この囲いの目的はなんですかとお伺いすると、このなまこ壁に車がぶつからないようにしたいということでした。それでは、犬矢来みたいなものではなくて、花崗岩でつくった道標のような照明を立て

奥が宿房で手前が工房　写真＝岡本茂男

有田・其泉荘（工房・宿房）・1985年
上写真２点＝宿房、下写真２点＝工房

写真＝岡本茂男

たらいかがですかと提案しました。「車がぶつかったら、車が傷むくらいの強いものをつくれば皆さん用心します。」と言って、集落の名前とお店の名前を入れた石の照明を2本つくりました。店の前の舗装も荒れていましたので、店の前と道路の間を整備しました（賞美堂本店　前広場整備・1983年・下写真）。

理由は発注者と話をしたのですが、昭和3年〜7年の間に有田の町の江戸時代からの道が道路拡張によって5ｍの道幅が10ｍになっています。町並みの写真（18頁写真）を思い出していただくと、下屋庇の軒の出がずいぶん浅い。建物は通りぎりぎりに建っています。普通は下屋庇の軒の出はもう少し深くて通りとの間にゆとりがありますが、有田の町にはそれがない。原因は道路を拡張する時に壊したり、引っ張ったり、切ったりしたからです。古いのですが、少しおかしな町並みになっていました。

5ｍの道の時代の雰囲気を取り戻し、少し町並みが親しみ深くなるといいですねと言ったんです。10ｍの道幅を5ｍの道幅の時のように親しみのある道路にするモデル的なものをお宅の店の前でやりませんかと提案すると、快諾してくださいました。車道を狭くした時の舗装のイメージです。結果的に、道路の舗装が変わると、町並みがいかに良くなるかということを皆さんに感じていただけました。道路と宅地の境から建物までの間を整備することの意味もよく分かっていただけました。宅地と建物は私有ですが、道路は公共でつくります。その間の私有地を含めて公私が一緒になって町並みを快適にする考えから、中間の共用空間というが大切だという認識をもってもらうために役立ちました。

1-7　まちづくり活動

次は、補助事業による伝統産業都市モデル地区整備事業計画と歴史的地区環境整備街路事業

賞美堂本店・前広場整備後外観。左は整備前

有田・修景まちづくり・1983年〜

として受けた仕事の話です。都市計画のコンサルタントが行うような仕事です。有田町が、町のことをすごくよく分かっている建築設計事務所があるからそこに頼みたいと県を通して国に推薦してくれたので、我々が仕事をすることになりました。都市計画と建築の人のやり方の違いにおいて、やはり空間の密度や親しみとか、どこにどういう素材を使ったらいいか、というきめ細やかな配慮は都市計画の人には難しいと思うようになったのは、この二つの事業の経験からです。

有田の町の裏通りには古い趣のある築地塀があります。地元ではこれをトンバイ塀と言い、江戸時代の登り窯の耐火レンガの廃材を使って塀にしています。地元では廃材をボロ石とも言っています。本物の石より弱いという意味でしょう。できればモダンな感じのコンクリートブロックの塀に変えたいという住民の意見がありました。アンケート調査の結果です。これはたいへんということで、新しいトンバイ塀のモデルをつくったら、実際に路地の雰囲気がとても良くなって、皆さんが有田にしかない独特の塀を大事に思い守るようになりました。六地蔵広場を整備してほしいということで、トンバイ塀をバックに六地蔵を並べ直して、照明を据え、植樹をし、ベンチもつくりました（1990年・下写真）。そうしますと、住民達がこのエリアには車を停めるのをやめようと自分達で決め、毎朝掃除するようになりました。地蔵さんのお供えや花も飾られていい雰囲気になりました。

数年経って、町がこの広場をもう少し拡げましょうと空き家の土地を買い、また拡張整備を頼まれました。この手前に小さな川が流れているんですが、その川の廻りもトンバイ塀で整備（27頁写真）しました。土木や都市計画の人には発想しにくい整備です。住宅の外構空間や近隣の人々の生活空間を考えて、安全安心だけではなく快適な空間にするスケール感や素材の使い方などは建築をやっている人にふさわしい仕事だと思いました。図面や透視図に描いたものを土木の技術者に具体的に示して、工事をしてもらいました。今風に言えば、建築と土木のコラボです。廻

まちづくり活動
伝統産業都市モデル地区整備事業計画・1983年～
歴史的地区環境整備街路事業・1987年～

右上から
トンバイ塀の路地／六地蔵広場・1983年当時／同1990年／同1993年／同1993年

大銀杏広場の整備後（右）前（左）1990年

りの住民からは、すっかり建築を設計する人間が信用されるようになりました。自分達の生活空間のことをきちんと考えてくれる職種の人間だということが、分かってもらえました。

樹齢千年と言われる大銀杏の木のある神社の境内の一部の広場も整備しました。トンバイ塀をつくってベンチや案内板を設けました（25頁写真）。背景の家は、1828年の大火で焼け残った家で、有田で一番古い家です。HOPE計画の成果として地元の力で修理できるようになりました。路地裏の住環境は整備の手を入れると一変しました。

表通りを一方通行にしたらどうかと検討し、歩道をつくって道の両側のお店を行ったり来たりできるようにしたらどうかとイメージして提案した絵（下スケッチ）です。町民アンケートでは、一方通行に反対する町民もあり、違ったかたちで実現しました。この絵では照明が歩道の中にありますが、実際には宅地の中にできました。工事は町が費用を出し、電気代はそれぞれの家が負担し、球が切れたら商店街が替えます。そういう話でまとまりました。警察は協議で、舗装を石畳にするのはいいけれど、立ち上がりをやめるなら、歩道と車道を区別する白い線を1本入れるようにと忠告されました。住民の話し合いの蓄積のうえに警察もそのようなの道路計画を認めてくれました。

まちづくりというのは関係者が話し合いを重ねて議論をしながらまとめていくと、何らかのまとまりができる。その案はある段階の前進だと思っています。そういう思いでなくて、一方通行がダメだと言われた時点で諦めてしまったら、こういうことはできません。少しでも良い方向に動くよう粘り強く話し合うことが重要です。

有田ＨＯＰＥ計画
左／専門会議・1984年
右／研究会1987年

歴史的地区環境整備街路事業

歴史的地区環境整備街路事業
1987年～

歴史的地区環境整備街路事業

モダンなデザインの建物

1984年から有田のHOPE計画が始まりました。その前年の企画段階で、一般的には地域にあった公営住宅の計画を策定していますが。それもいいけれども、私達は有田の町の民家をどうつくるか、町並みにある町家をどうつくるかをみんなで考え、それが有田のまちづくりになると提案しました。有田の町にとって公営住宅は10年間で50戸ほど建設が考えられますが、その時の予算は4億になります。民家でしたら2千万円のものが1年間に20戸できれば、10年分の公営住宅と同額の投資になるし、10年で10倍の40億円の事業になったりします。投資効果からどちらが良いか、その他、公私連携のまちづくりの意味や設計事務所や工務店の技術向上の意図を説明して議会の承認を得て、民家を良くする運動を開始しました。

この運動をどう始めたかというと、有田町に確認申請を出している人全員に手紙を出して、焼物に負けない美しい住まいと町並みづくりを皆で考えるので参加しませんかとお誘いしました。設計事務所6社、工務店7社の合計13社の人達と役場の若い人と商人さんが一人加わってスタートしました。比較的初期の頃ですが、町内で自分達が設計した住宅で既に建っているものについて、今後有田の町並みに有っていいデザイン要素と、無い方がいいものを一つずつ検討しました。この洋風建物(右頁右下写真)が話題になりました。一見すると違和感があるけれど、高さも揃っているし、和瓦の屋根や和風の門もあるし、窓のガラスの割付が綺麗です。すごく雰囲気がある。結果として馴染んでいますね、というのがみんなの意見でした。この建物が町並みに有ってもいいという見解になりました。ただし、こういう伝統的なデザインと大きく離れている建物を町並みに馴染むように設計するのは難しいので、当面はやめましょうと。町並みに調和する住宅の設計に慣れてきたらこういうこと

有田・赤坂郵便局

有田・民家の改修例
左が改修前。右が改修後

有田・民家の改修例
左が改修前。右が改修後

有田川周辺の環境整備・後

有田川周辺の環境整備・後

有田川周辺の環境整備・後

有田川周辺の環境整備・前

にもチャレンジしようということになりました。そのような建物のいろいろな部分を検討した内容を整理して有田ＨＯＰＥ計画策定委員会を介して、建設省に報告書を提出し、高く評価されました。

その後も、ＨＯＰＥ研究会が続いていくうちに、どんどん町の中で新築や改築が行われました。宅地の中と道路も一体で考えるなど、幅広い考えの中で豊かな空間をつくることができるようになりました。軒の中に車を停める。宅地に車を停めて荷下ろしをしています。これは道路に停めるわけではないので、歩行者や車の通行の邪魔になりません。こういうマナーをみんなで守りましょうというかたちでまとまっています。工務店の設計施工でこういうものができるようになりました。これは改修（26頁左下・27頁上写真）です。改修も勉強会に参加しているみんなができるようになりました。これは新しい郵便局（27頁左上写真）です。切妻が道路に向かって、棟や軒の高さが概ね揃っています。郵便ポストが茶色に塗られています。その上に柿右衛門人形といって江戸時代につくられたもののレプリカが置かれています。たいへん馴染みのある郵便局になりました。熊本郵政局の設計ですが、有田ＨＯＰＥ研究会に何度も意見を聞いてもらいました。

次は有田川沿いの環境整備（27頁下写真）です。夏にカーブした内側に砂洲ができて、砂場を使った川遊び場になるよう川岸を改修しました。丘の上に見えているのが佐賀県立九州陶磁文化館です。この仕事もアルセッドで受け、土木の技術者と共同して完成しました。川へは階段とスロープで降りる。橋の欄干を綺麗にして、駐車場に植樹して整備しました。全体として有田の風景の一つになりました。

有田焼卸団地（下写真）です。ここに最初に来た時、奥が抜けていてスケールが分

HOPE計画の拡張状況
1987年

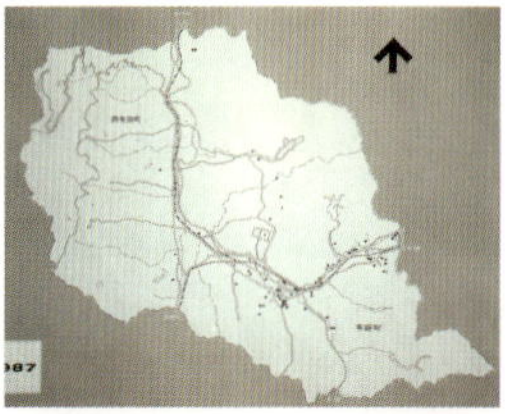

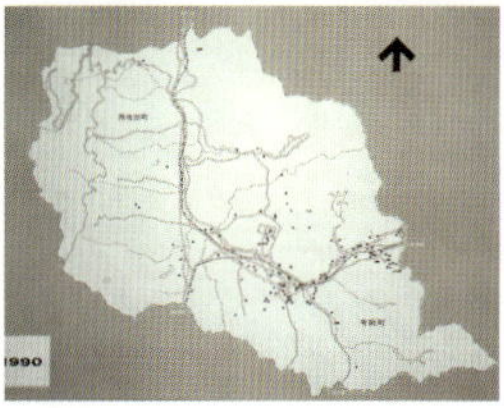

1990年

有田焼卸団地の整備・1996年
右上は改修前。右下は改修計画。左２点は改修後

かりにくく、奥の突き当りに何かあった方がいいと思っていました。道路の向い側のお店に行きたくなるには、1mほどあった段差（右頁右上写真）をあと50㎝くらい車道のレベルを上げると、車の通行も視線の邪魔にならないし、人の横断の苦痛にもならないと思い改修をしました。廻りの駐車場にも植樹をして全体が公園のような卸団地になりました。たいへん賑わい、一番奥に食堂とトイレをつくったので、お客さんが先の店にも足を運ぶようになりました。そういう話は土木側ではなく、建築側の人間の発想だと思います。

HOPE計画の勉強会に参加したメンバーの仕事をまとめ地図上にプロットしました。研究会の2年後にこれくらいの成果がありました。さらに5年後、9年後、12年後にはずいぶん有田らしい建物や広場の計画が増えてきました（下図4点）。このようにみんなでやれば、一つの町が動くということが分かりました。それにはみんなで話し合いをしながら、折り合いのつくところを見つけて、目標はしっかりと焼物に負けない美しい住まいと町並みづくりということで進めてきました。

月1回の研究会が10年以上続きましたので、みんなのレベルが上がりました。当時の『住宅建築』の編集長・立松久昌さんが研究会に参加した時の写真です（下写真）。この時は熊本の郵政局の技官達から、有田の町につくる郵便局の建て替えの図面が町並みに合っているかの検討依頼があり、HOPE研究会で検討して、修正をお願いしました。国家公務員の設計者が田舎の町の設計者の集団に町並みに関する相談をするということがあって、みんながすごく喜んで研究会に張り合いがでました。自信やプライドに繋がるきっかけになりました。

有田HOPE研究会（1987年）
一番右が三井所氏、その左が立松氏

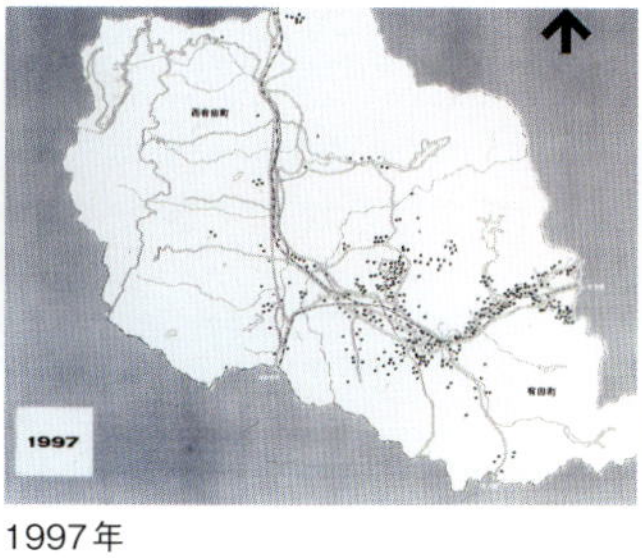

1997年

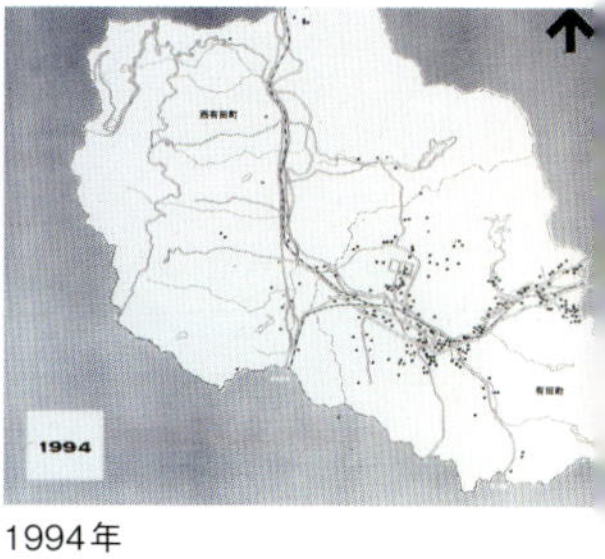

1994年

2　富山・南砺市　旧上平村
——生活の見える住まいづくりと集落の風景づくり

2−1　落雪住宅・楽雪住宅

屋根の雪下ろしをしないでいい家を考えるプロジェクトです。内田祥哉委員長の克雪タウン計画策定委員会ができ、私も委員を務めました。富山県庁と上平村の依頼でした。上平村は五箇山という富山県でも一番雪の深いところです。文化庁の伊藤延男さんが昭和30年代に調査した時には、合掌づくりの家がたくさんあったという記録があります。この地域に合掌を下ろすという言葉が残っています。合掌材から上を解体して、2階を置きます（下図）。瓦の屋根にして里の住宅と同じような家が出来、モダンな生活ができるようになりました。ところが、雪下ろしが大変になりました。合掌造りの時には屋根の雪が下まで繋がっていて、万一滑っても雪の上を滑っていきます。上部を外して雪下ろしをすると、2階の屋根の雪下ろしをすることになります。この写真（右下写真）は、たまたま上平村役場の会議室で検討会をしている時に撮った写真ですが、年配の女性が屋根の雪下ろしをしています。雪のない5月に撮った写真と比べるとかなり高所で作業していることが分かります（右下写真）。落ちて雪の中に埋まってしまうと、発見されずに亡くなってしまいます。この雪下ろしの現実を見た時に、なんとか雪下ろしをしなくていい屋根を考えなければと強く思いました。

現地に5棟の実験屋根（下写真）をつくりました。屋根勾配が5寸、4・5寸、4寸、3寸5分、3寸という勾配の、それぞれ間口1間奥行3間の実験棟をつくりました。

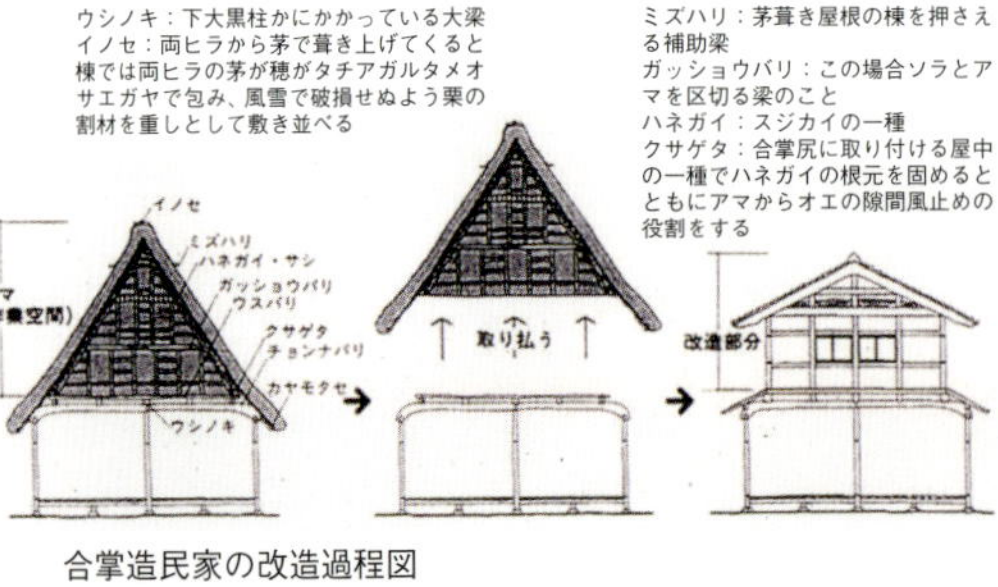

ウシノキ：下大黒柱かにかかっている大梁
イノセ：両ヒラから茅で葺き上げてくると棟では両ヒラの茅が穂がタチアガルタメオサエガヤで包み、風雪で破損せぬよう栗の割材を重しとして敷き並べる
ミズハリ：茅葺き屋根の棟を押さえる補助梁
ガッショウバリ：この場合ソラとアマを区切る梁のこと
ハネガイ：スジカイの一種
クサゲタ：合掌尻に取り付ける屋中の一種でハネガイの根元を固めるとともにアマからオエの隙間風止めの役割をする

合掌造民家の改造過程図

落雪実験。雪割棟のない４寸勾配の屋根に雪が残った

冬季の積雪時に雪下ろしをしているが（上)、5月（下）に見るとかなりの高さと斜度があり、雪下ろしが危険なことが分かる
（上平村）

昭和56年豪雪時の雪下ろし

この写真（右頁左下写真）では4寸のものだけが滑っていません。勾配が緩い方が滑っていないのなら理屈に合いますが。高い棟をつくることによって、雪が割れて両側に滑るということが分かっていたので、確認のために4寸だけ棟を高くしませんでした。現地で実験したので、村の人達は見て納得。あまり説明をしなくても、充分理解されました。雪下ろしをしない屋根づくりの方法は棟を高くすることです。そうすれば、勾配は3寸でも雪が滑ることが分かりました。5棟を3年がかりでつくりました。雪が50㎝積もったら滑り始めるということを目標にしました。たまたま金属の段葺きなので、雪が滑ってくる時に振動で砕けます。砕けた雪を下の池で溶かすことを考えました。砕けた雪は溶けやすくなります。こうして現代の民家の克雪住宅による克雪タウンが出来上がりました。棟の形はそれぞれ変えてみました。その後の報告ではどれも変わらないということです。高い棟さえつくっておけば大丈夫だということが分かりました。上平村の村長の案で「楽雪住宅」と名付けられました。

集落の写真（下写真）です。九州の農家の風景は軒がすごく低いんです。陶磁文化館入口の軒を低くしたのも、私が子供の時に肩車に乗って手を伸ばすと届くくらい軒が低かった記憶があったからです。軒が高くなると格好悪いなと思っていました。この写真は手前の田んぼが高台になっているので、軒が低く見えます。次に南会津の舘岩村で同じように住宅をつくった時に、ここでは別の判断をしなければいけないことに気がつきました。豪雪地域では、軒はある程度の高さがないと安心して暮らせません。軒が低いとすぐに雪に埋もれてしまいます。ということに気がつきました。雪に埋もれない高さは、滑り落ちた雪と積もった雪が軒に届かないようにす

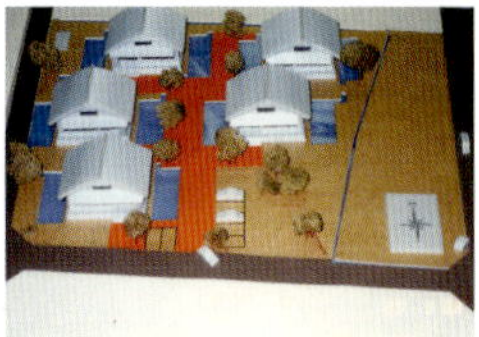

楽雪住宅模型

集落の春の様子

南側プローチと縁側

るために、軒の高さは5mくらい必要です。次は1階の床高の問題です。積雪量が1・5mくらいだとすると、1階にいる人の目の高さがその上になるように1階の床を設けると明るく感じます。石を積んで床を高くしました。バリアフリーではないのですが、村役場の人と話していると、村はみんな道が坂道だから外に出ると道の至るところに段がある。だから、外から家に入る時に段があってもかまいませんと言われました。なるほどと思いました。この写真（31頁左下写真）は娘さんとおばあちゃん、親子三代の会話風景です。南の縁側の風景です。南側からアプローチして、玄関の横に縁側があります。最近は、庭の反対に玄関をもってくるのが住宅づくりの常識ですが、それは人々の繋がりから考えると間違いではないかと思えるようになりました。玄関と縁側の間には塀を設けることもありますが、ここは前庭と繋がっています。

3　福島・南会津町（旧舘岩村）
――山村の魅力ある住まいづくりと風景づくり

南会津の舘岩村の村長の依頼で、HOPE計画策定委員会の委員長を引き受けました。1月下旬から2月上旬にかけて気温が零下15度から20度位に下がるたいへん寒い豪雪地域です。4月いっぱい雪があります。5月になると桃も桜もこぶしも桃もレンギョウもいろいろな花が一斉に咲きます。カラマツの芽吹きも非常に美しくて、緑の小さい針葉樹の若葉もかわいくて綺麗です。5月の連休のころはびっくりするような花の風景です。北海道に行かなくても、こんなに美しい春を感じることができるんだと驚きました。冬は室内でも零下になるので、公営住宅で暖かい家のモデルをつくろうということで、豪雪に耐え、断熱性能の高い、気密性も高い住宅づくりを目指しました。骨組みについては地元の大工さんが自分達の技術で施工し、断熱・気密性能に

南会津の冬の風景

南会津の春の風景

旧舘岩村公営住宅
左／軸組工事
中／北入タイプの
２戸１住戸２棟
右／２階の手摺は
大工による意匠

旧舘岩村公営住宅
左／断熱工事中
中／北入と南入住棟が
向い合う
右／住宅と一体の冬の
駐車場

左／番匠達と古川・飛騨の
匠文化館へ
中／八尾の工務店による住
宅団地
左／「花のお宿づくり」
芝浦工大の学生と地元の子
ども達の植樹風景

夏の風景

春の風景

左／前沢での住民と学生の塗
装ワークショップの様子
中・右／民家掃除ワークショッ
プの様子

改修後の民家で

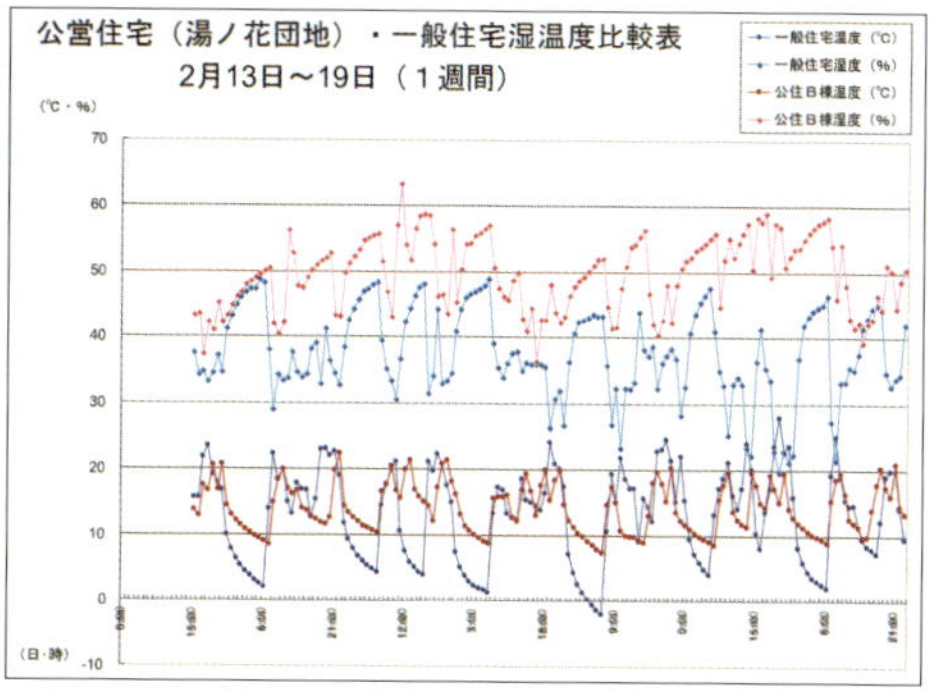

上は居間の湿度
下は居間の温度
赤線は公営住宅
青線は既存住宅

ついてはこちらから技術的な情報を伝えました。４棟８戸分の集合住宅を３年かけて建てました。大工さんが腕を揮ってつくる部分については歓迎しました。みんなでつくるんだという思いを共有するためです。冬は車を豪雪から守るため家の中に入れないといけないので、駐車場と玄関を２軒が共有するプランにしています。夏場はこの空間はいろいろなことに使えます。村長にお願いして中学校の生徒達に見学してもらいました。どういう住宅を考えて、どういう人達がつくったのかを説明しました。つくった人達は村の大工の他、屋根葺き、クロス貼り、塗装、水道、電気など、数々の地域の職人さん達です。

グラフ（33頁図）は１月末から２月初め居間の室温と湿度を１時間毎に計測した１週間分の結果を集めています。赤は公営住宅、青は役場の職員の既存自宅、上が湿度、下が室温の計測データです。公営住宅の室温の一番低い日で７・８度くらいです。同じ日に役所の職員の自宅は零下になっています。公営住宅は湿度も40～60％くらいで適切であり、普通の家は20～40％でとても乾燥しています。このようなことを中学生に説明しました。暖かい家ができるようになったことを実感してもらいました。その後、３月のシンポジウムの時に見学した中学生達が学習したことを発表をしました。「村の番匠達が暖かい家をつくれるようになったので、私達はそのうちに家をつくらなければならないけれど村の番匠に頼みます。」と言ってくれました。すごく嬉しかったですね。

その番匠達と越中の八尾、平村、上平村と飛騨の高山白川郷・古川・高山の見学に行きました。八尾の棟梁の島崎英雄さんと南会津の棟梁の星清信さん達の交流がありました。古川にある飛騨の匠文化館では、いろいろな継手・仕口があり、番匠達は夢中になっていました。たいへんいい勉強になりました。

ＨＯＰＥ計画が終わった時に、「花のお宿の里づくり」というむらづくり運動を提案して、芝浦

茅葺きの民家が残る前沢集落

工業大学の研究室の学生と公営住宅の敷地に桜とこぶしの植樹をしました。その他、村の人と相談して、場所を決めて植えました(33頁写真)。

塗装ワークショップ(33頁写真)では、まず三井所研究室の学生達が古くなったゴミステーションの木部を塗装しました。翌年には塗料を用意してもらい、集落の人と一緒に作業しました。植樹も翌年からは苗木を村で用意してもらい集落の人と一緒に植えています。一度体験すると効果や期待が分かります。先行して実験してみると効果が大きいことが分かりました。

前沢集落の取り壊されそうな民家でお掃除するワークショップ(33頁写真)を行いました。最初は足の踏み場もなく危ないので靴のまま片付け始めました。学生達に掃除の仕方も、畳の拭き方も教えて一緒に行いました。すごく気持ちのいい家に甦り、囲炉裏に炭を熾しお茶を煎れていたら、区長さんがなめこ汁を持って来てくれました。いまは南会津町で予算を付けて、台所とトイレも改修され観光客のおもてなしの場になっています。

前沢集落に近い、たのせ集落の活動を紹介します。何もなかった川沿いの広場に数年で、トイレや常設の厨房が出来、土曜日と日曜日に直売店を開き大繁盛しています。舘岩村の先に桧枝岐村があって、その先に尾瀬があるので、尾瀬に行く人達がたくさん舘岩村を通ります。ここに泊まってもいいよというようになりました。それが花のお宿です。現在は体験宿泊や農家民宿の運動につながってきました。物を売るのはなかなか難しいんですが、芝浦工大の志村研究室が頑張ってくれて、学園祭の時に福島の産物を持って来て東京の豊洲キャンパスで販売しました。いまでも続いているので、周囲に住んでいる福島出身の人達も買いに来るようになりました。郷里と東京に住んでいる人が結ばれてなかなかいい結果がでています。東日本大震災の年の10月にたのせ集落のふるさとづくりの会が農林水産大臣賞をいただきました。生きがいを感じるとたのせ集落の人々は言っています。

山古志地区虫亀集落
右／冬の様子
左／夏の様子

工学院大学の後藤治先生の指導で、アルセッドも一緒に前沢集落を伝統的建造物群保存地区の申請書を出しました。東日本大震災があった平成23年7月に選定されたという朗報がありました。福島県では大内宿についで二つ目の伝建地区ということでたいへん喜びました。茅葺きを修理したり、住みやすくする技術者としては公営住宅を手掛けた大工がいます。ただ、継続的に仕事がないと大工さん達も暮らしていけません。前沢の周辺の集落も含めると茅葺きの民家がまだたくさんあります。そういうものも含めて南会津町だけでも、手の入れ方をシステム的に考えていくと、大工さん達の仕事や茅葺き職人の仕事も継続的に発生します。一つの集落だけではなく、周辺地域も含めて伝統的な建築の保存を考えていければいいと考えています。

4 新潟・長岡市　山古志地区 中越地震における復興住宅供給の取り組み ——生業の生態系の保全

4-1　中山間地型復興住宅

２００４年に中越地震が起こりました。雪深い所です。豪雪の雪景色の中に妻側が見えていて、母屋に対して直交して出入口が付きます（35頁写真）。地元では中門造りといっています。伝統的な風景が地震によって壊滅しました。雪に強く山の暮らしを配慮した1千万円くらいの復興住宅を考えてほしいという要請がありました。とりあえず、生活が始められるくらいに小さく安くつくろうということでした。中越地震中山間地型復興住宅検討委員会ができてから半年後の10月23日にこのような

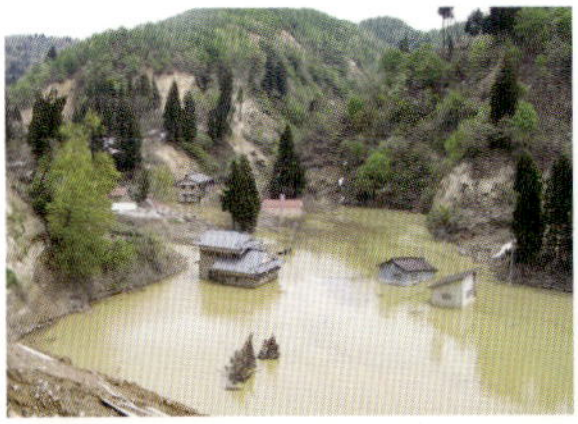
水没した木籠集落（集落移転に……）

震災後半年後の楢木集落
（山古志全村非難）

震災前の美しい楢木集落
（『古志の里Ⅱ』中條均紀写真集より）

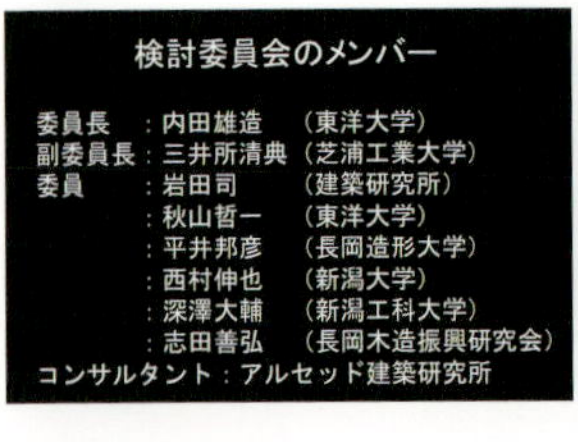

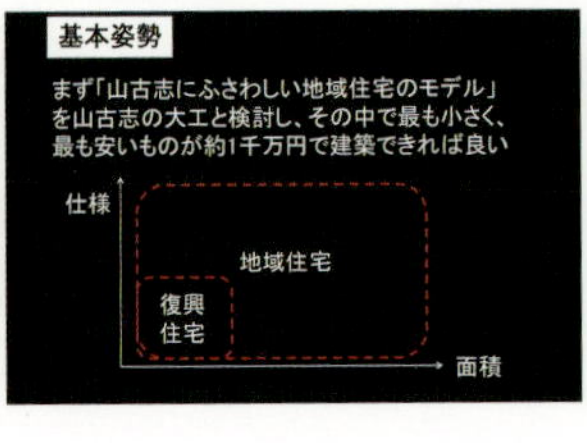

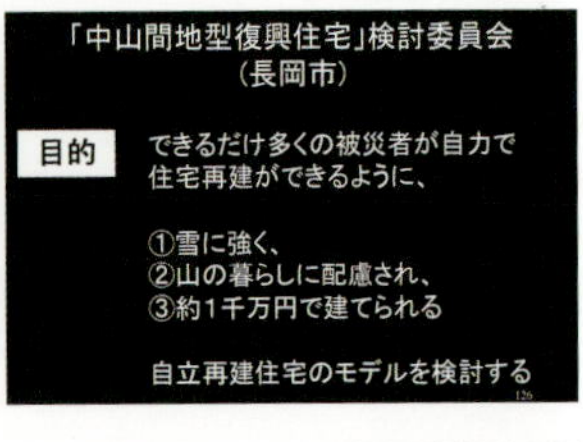

委員会での検討

山古志の棟梁とのワークショップ

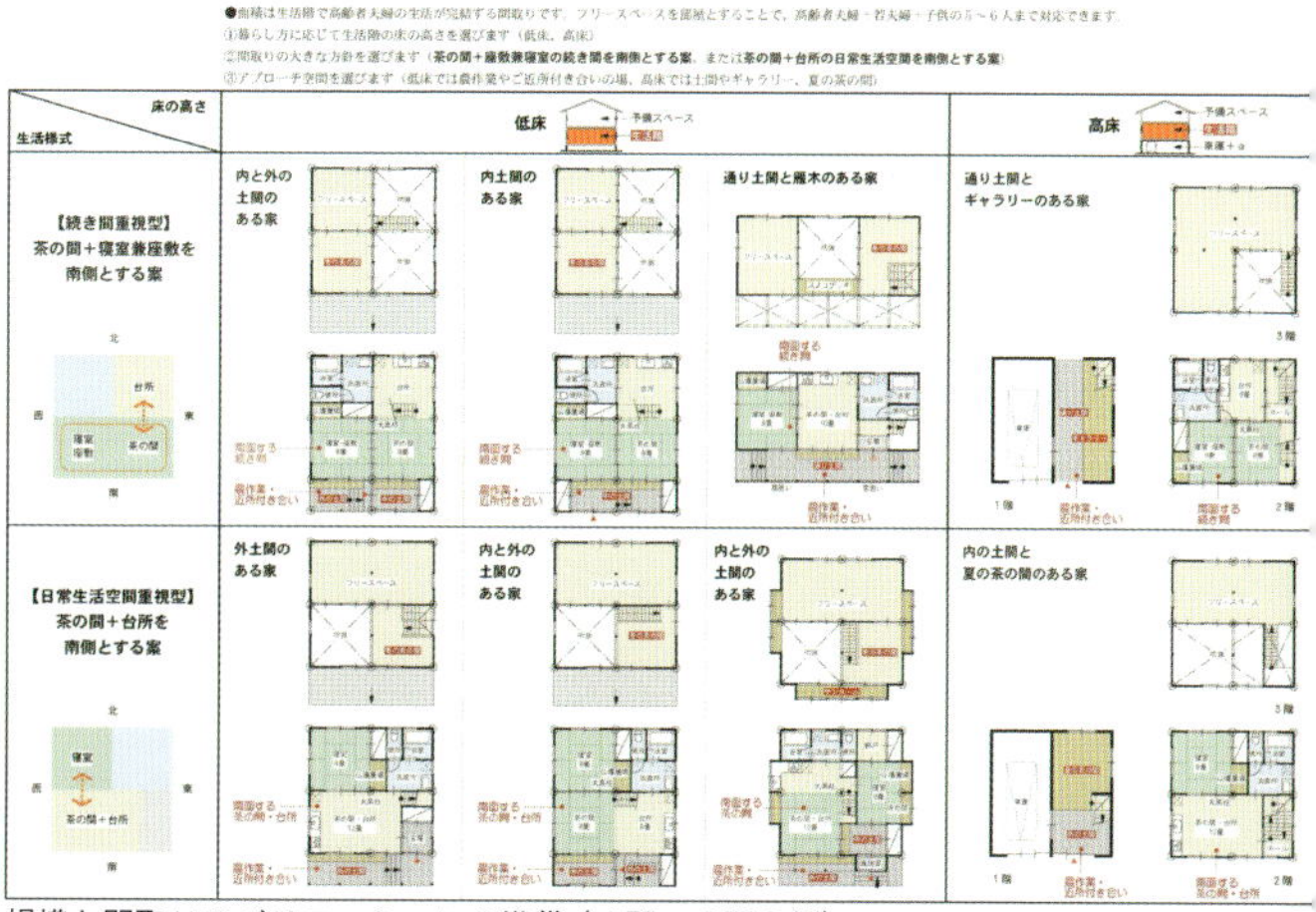

規模と間取りのバリエーションの準備（４間×４間の例）

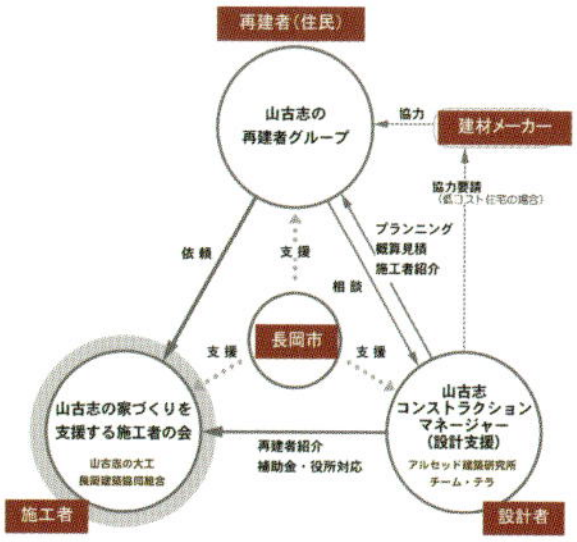

2005年11月集落の方々への発表（仮設住宅にて）

2005年11月～2006年4月
山古志大工への協力依頼

2005年11月～2006年4月　住宅の供給体制づくり

2005年11月～2006年4月
長岡建築協同組合の協力体制づくり

2005年11月～2006年4月
長岡の設計者の協力体制づくり

2005年11月～2006年4月
建材メーカーへの協力依頼

上／ 2005年10月　自立再建モデル住宅の提案
左／ 2005年10月
震災１周年　山古志らしい住まいづくりの提案

復興集落のイメージパース（37頁下図）が完成しました。復興の大きな目的は山古志の生活を再生することです。住まいは在来工法でつくる。それはなぜかというと、約半分は修理、半分は新築で、10年、20年後には両方とも増築や改修などメンテナンスの必要がでてきます。それは山古志の大工がやらないとまずいだろう。そこに別の工法の建物が混じってしまうと勝手にいじれなくなってしまうので、在来工法で地元の人がつくれるようにしましょうと強く主張しました。

もう一つは、山に早く戻ってきて生活を復興できるように、最初は復興住宅を小さくつくろう、あるいは未完成でいいじゃないか。長島村長に未完成とはどういうことかと言われたんですが、昔は土壁は荒壁の状態で住み始め、後から仕上げの土や漆喰を塗ることがありましたし、増築もあとからできるから小さくつくってもいいのではないかと。一気に完成するとその後10年、20年は新築の需要が発生しません。これは非常に重大なことです。そこまで普通は大都市では考えませんが、この村で一気に満足のいく住宅が建ってしまうと、復興が終わった途端に大工の仕事がなくなり、後継者を育てることもできません。廃業になります。困るのは家に手を入れなければならなくなった時に、山古志村に専門の職人がいないという状態になることです。職人達は社会のシステムとして村にずっと残っていかなければいけない。それはいろんなお医者さんが地域社会にいるのと同じです。いろんな職人達は協力してメンテナンスをしているわけですから、そういう生業をしている人達の生態を保全しなければいけないと気がつきました。阪神・淡路の時には思いつかなかった方法です。先ほどの委員会でもプレハブによって早くつくる方法を提案する先生もいましたが、それは困る、将来に仕事が続いていくようでなくてはという話をしました。具体的には私達が五箇山上平村でつくってきた話と山古志の大工のこれまでの家のつくり方を紹介してもらったり、皆さんが仕事から帰って来てから、仮設住宅団地の集会場に集まってもらい意見交換をしました。出来上がったのがこういう家（38頁・39頁写真）です。少し大きい住

2006年10月～11月　モデル住宅の見学会

2006年10月～11月　モデル住宅の完成（2年目）

設計相談

工務店の紹介（山古志の家づくりを支援する施工者の会）

2006年10月～11月　モデル住宅の見学会

実現した中山間型復興住宅の例②

実現した中山間型復興住宅の例①

実現した中山間型復興住宅の例

落雪屋根や下見板により改修された住宅の例

実現した中山間型復興住宅
計55戸

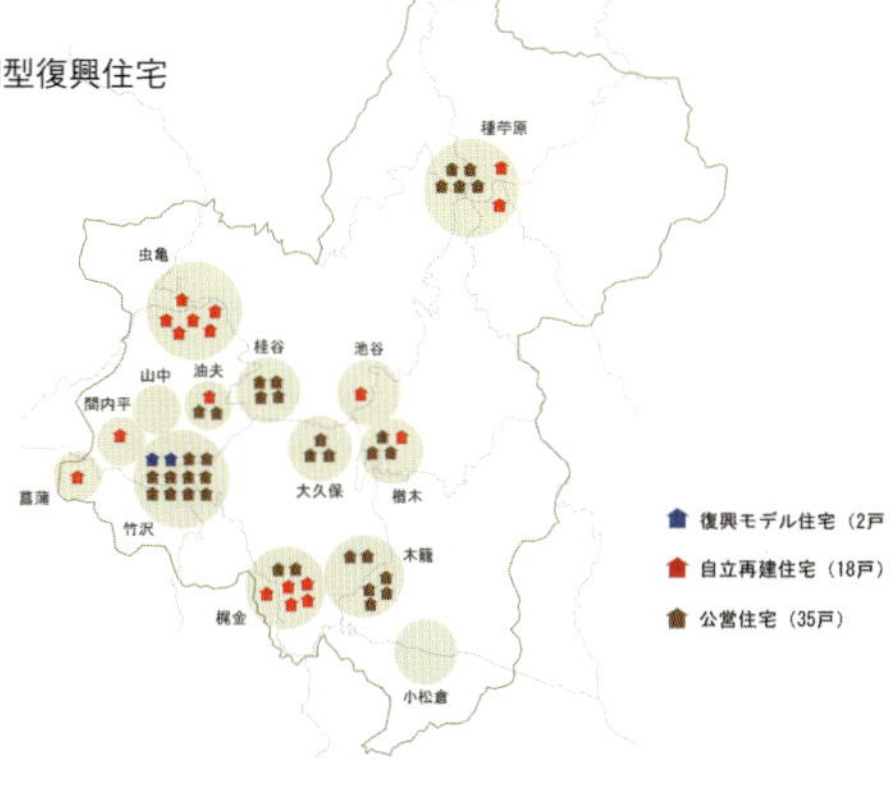

宅を含めて6つかのタイプがあります。村の人達も長岡市の仮設住宅に仮住まいをしているんですが、自立再建の復興住宅案の説明会もしました。外にトイレがないのは困るねと言われ、モデルをベースにして地元の設計者と相談して自宅をつくってくださいとお願いしたことが心に残っています。山古志の自立再建住宅をつくりたい人、山古志の家づくりの工務店と設計チーム、それを長岡市が少し離れてみているというシステムとして考えました。

いよいよスタートという時に、山古志の大工達が揃って新築には手がでませんと言い始めました。それはどうしてかというと、修理で精一杯だと言うのです。家財道具が家の中にあるし、自分がつくった家だと仕事として優先せざるを得ません。ということは新築は、山古志以外の工務店他に頼まなければいけないということがこの時点で判明しました。それでは誰に頼むかを議論しました。私もいろいろアイデアを出しましたが、結局、長岡市の工務店の組合に手伝ってほしいと山古志の大工から支援を求める声が出て、私達は工務店の組合に相談に行きました。長岡市の復興官をはじめ、部長や課長、係長などが一緒に来てくれました。私達は長岡の工務店の方々とは面識がありません。厳しい条件ですし、いくら話しても、どこの馬の骨かと聞く耳をもたれない状況になると困るので、市役所の方に立ち会っていただきました。そのおかげで相談が充分にできました。10日程待って組合の有志が応援するということになりました。支援を求める地元の声と応援しましょうという外の応答があり、たいへんうれしいことになりました。次は個別の設計に携わる長岡の設計者のチームです。大工の仕事に敬意をもっている建築士を4人長岡市に推薦してもらい、被災地に紹介しました。東京で部品メーカーに安く分けてもらえないかと交渉しました。交渉することは長岡市に事前に届を出し、私達がお願いに行きました。メーカーの方々の賛同もあり上手くいきました。一部に工務店の中に決まった流通があったりして、バリエーションもありましたが、概ねうまくいったと思います。

竹沢団地

貴重な平場（小学校跡地）につくれた竹沢団地

冬の共同駐車場。雪のない時は、直売所などに利用できる

共同駐車場の柱はＲＣ。木造の屋根組が載っている

直売所を開いている様子

要介護世帯が４戸あり、外廊下から介護できるよう配慮した復興公営住宅

二戸一は将来戸建に改修可能（桂谷団地）

木籠集落の集落再生の取り組み（集団移転での再生２集落）
集団移転も小規模住宅地区改良事業を採用

楢木集落（集団移転による丘上がり）

図２点＝山古志６集落の再生の記録（長岡市）

極めて重要なことですが、長岡市がモデル住宅を2棟つくってくれました。車を持っている人と持っていない人の2タイプのモデルができました。そして見学会が催されました（38頁・39頁写真）。長岡市の仮設住宅から久しぶりに山に戻ってきて晴れやかな顔で説明を熱心に聞かれました。「昔風だけど便利にできていますね。」と、おばあちゃんが言ってくれました。「品がありますね。」と言われたのは嬉しかったので、工務店の社長にすぐに伝えました。2階の未完成のプラスターボードの壁は、断熱性能は満たすけれど仕上げはしていません。間仕切壁も建具もありません。その中で、さっそく設計の相談が始まりました。2階が面白かったのか、皆さん2階に長時間とどまっていました。このままでも息子や孫が帰って来たら、ここに泊めればいいという話もあって、未完成の家にも納得があったようです。工務店の社長と名刺交換をしている住人もいます。新築は1軒1軒個別に注文も聞きました。原則はそれでいけます。これは民宿（39頁写真例①）で長島村長の息子さんが経営しています。一番最後に出来上がりました。これは改修（39頁写真）で再生した住宅です。落雪屋根や下見板張り等、ずっと検討してきた方法で、山古志の大工達が改造したので風景的にはすごくいい雰囲気で、改修と新築の建物が馴染んでいます。

4-2公営住宅への展開

自立再建住宅に続いて復興公営住宅（38頁・39頁写真）をつくりました。集落ごとにつくりますので、必要となる数が具体的に分かります。どういう人が生活するのかも分かります。そういうことを考えながら、例えばここは4軒長屋ですが、介護の必要な方が集落に4人いるので4世帯の長屋住宅をつくりました。外廊下をつくって、外から面倒が見れるようになっています。前広場のこの建物には冬に車を収容します。夏は車を外に置けるようになりますので、みんなでつくったものを販売する直売所にしたり、広場と一体のイベント施設にも活用されます。花畑もあります。公営住宅を必要とする世帯が４世帯の集落には2戸1棟の住宅を2棟つくりました。このように集落ごとに丁寧に公営住宅をつくりました。木籠集落や楢木集落は集落移転でしたので、公営住宅と自立再建住宅がまとまって新しい集落ができました。

5　東日本大震災における復興住宅

5－1　三陸の気候風土に調和し、美しい風景・町並みを創造する住宅

5－2　東北３県の復興住宅

三陸の気候風土に調和し、美しい風景・町並みを創造する住宅。陸前高田町広田地区の浸水した民家の母屋と納屋

４枚引戸の玄関

気仙大工と気仙左官の伝統の技が活きている住宅

	建築士事務所協会	建築士会	建築家協会
岩手県	○	○	○
宮城県	○	○	○
福島県	○	○	○

国土交通省住宅局住環境整備課の支援による取組のイメージ。東北３県の復興住宅の供給モデル検討

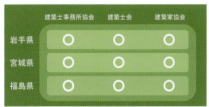

5-3　ふくしまの家

復興住宅供給の仕組みづくり

福島県は木造の仮設住宅を公募して実現しましたが、その後木造の復興住宅に取り組む設計者、木材供給者、工務店が共同するチームをコンペ方式で募集しました。さらにチームには行政書士や保険事務所、建材メーカーもチームに加わり復興住宅に取り組むことを推進していました。優秀なチームが10くらい選ばれましたが、そのほかにも優れたチームがあり、活動を促しました。普段新築住宅需要に対し、在来工法や2×4とかプレファブとか各種の構法による住宅が市場を分け合って仕事をしているわけですが、例えば地元が60%で、外からの力で40%くらいができていると考えてみましょう。東日本大震災では、大量の住宅が一気に大破してしまいました。復興が上手くいったとして、将来のメンテナンスや建て替えの発注は復興を手がけたところからしか発生しません。ここで平常時のような仕事の仕方では将来の仕事がなくなります。そのためにはやはり頑張って6割くらいはやらないといけない。6割は在来のオープン構法でつくるということが重要です。あとの4割はプレハブ住宅等、外部の住宅づくりにお任せしましょう。地元の大工・工務店が将来も仕事を続けるために数的に最大に頑張り、できない量は在来のオープン構法でつくる復興住宅を外に頼まなくてはいけない（49頁図）。

山古志の場合は地元の大工からの要請もあり、長岡の有志の工務店が協力して成功しました。山古志は数も少なかったが、東日本大震災ではたいへんな量となりました。こういう状況の時にどうすればいいのかが問題だと考えました。山古志の時には発注者と地元山古志の工務店と外の長岡の工務店の三者が協力して、いまは新築ができな

（新）「ふくしまの家」住宅再建促進事業

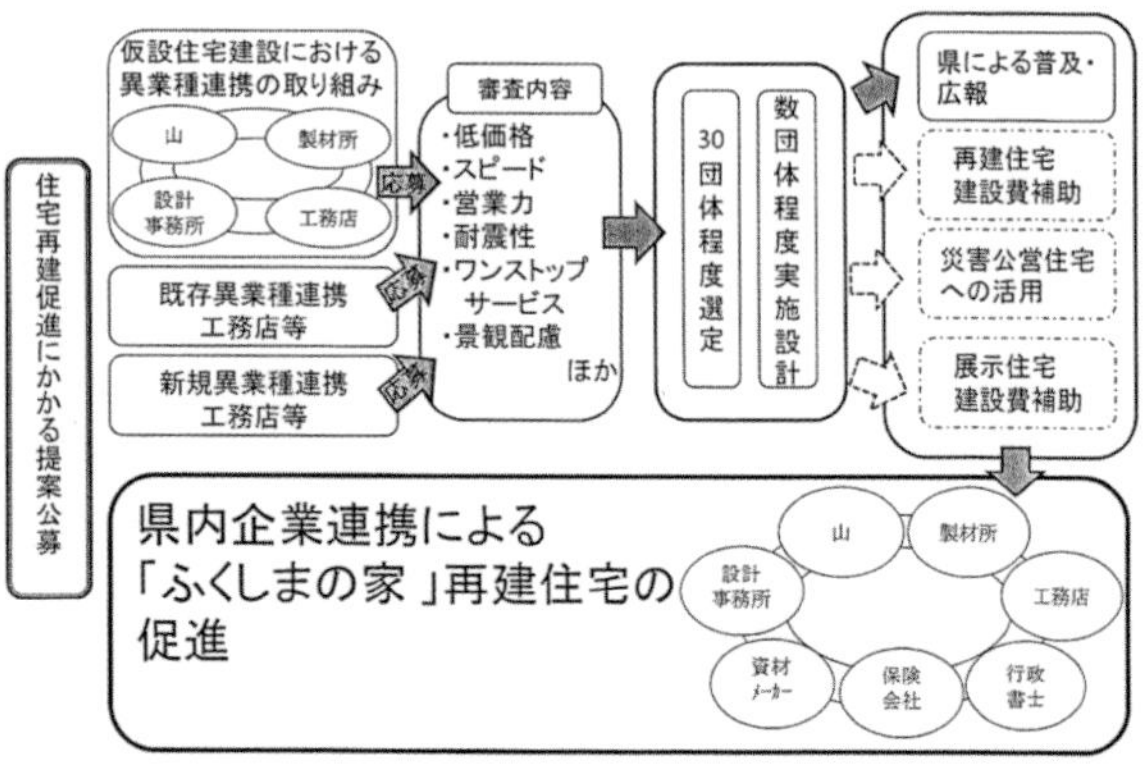

「ふくしまの家」復興住宅供給システムプロポーザル広報対象団体（上段19社はヒアリング要請者）

団体名	代表会社	代表者	主活動地域	代表設計事務所	代表工務店	林業・木材事業者
会津産木材供給連絡会	会津若松地方森林組合	穴澤正男	会津若松・喜多方	吉田建築計画事務所	小島建築センター	会津若松地方森林組合
ふくしま中央建設共同企業体	大原工務店	大原定雄	県中・県北	恭建築設計事務所	大原工務店	田村森林組合
福島県建築士会福島支部	福島県建築士会福島支部	阿部良樹	県北・相双	松本建築設計事務所	黒澤工務店	千葉製材所
奥会津 IORI 倶楽部	佐久間建設工業	佐久間源一郎	会津若松・喜多方	什点建築設計事務所	佐久間建設工業	堀木材
福島県木造技術開発協同組合	福島県木造技術開発協同組合	宗像武久	県中・県南	ファルデザイン一級建築士設計事務所	蔭山工務店	松岡材木店
安達太良匠の会	斉藤工匠店	齋藤守司	県北・県中	武藤健一設計事務所	斉藤工匠店	菅野建築製材所
福島復興再生住宅協会	芳賀沼製作	芳賀沼養一	県中・いわき	はりゅうウッドスタジオ	芳賀沼製作	赤井製材所
ふくしま森の遊学舎	樽川技建	樽川美知男	県中・いわき	Ｙｕ工房	樽川技建	ツネマツ
有限責任事業組合エフシーエム建築総合研究所	東日本マネジメント	三瓶久仁雄	県中・いわき	エーユーエム構造設計	センチュリーホーム	福島県郡山地区木材木工工業団地協同組合
地球と家族を考える会	地球と家族を考える会	嶋影健一	県中・県南	建築工房	福産建設	ツネマツ
ふくしま家づくりネットワーク	川崎建築設計事務所	川崎直竹	県北・相双	川崎建築設計事務所	吉倉工務店	鈴木製材
「次世代につなぐ家づくり」ネットワーク	佐藤工業	加藤眞司	県北・いわき	阿部直人建築研究所1級建築士事務所	佐藤工業	福島県森林組合連合会
福島県建築士会喜多方支部喜多方蔵活用推進委員会	室井建築設計事務所	室井浩一	喜多方	室井建築設計事務所	樫内建設工業	加勢製材所
ふくしま再生提案実行集団「くらし塾」	藤田建設工業	藤田光夫	県南・いわき	辺見美津男設計室	藤田建設工業	協和木材
福島県建設業協会郡山支部	共立社	佐藤彰宏	県中・県南	渡邉武建築設計事務所	光建工業	協和木材
ふくしま復興住宅「だん」推進グループ	渡辺組	渡辺弘	いわき	邑建築事務所	渡辺組	滝口木材
みんなで「ふくしまの家」つくる会	はしもと住宅店	山田俊嗣	県中・県南	一級建築士事務所清建築設計	はしもと住宅店	協和木材
ふくしま復興エコハウジング	庄司建設工業	庄司公正	相双・県北	伊達な建築研究所	庄司建設工業	藤寿産業
遠野産業振興事業協同組合	遠野産業振興事業協同組合	平子佳廣	いわき・相双	永山建築設計事務所	唐橋工務店	平子商店
福島ふるさとのいい住宅づくり促進協議会	ユニゾン	国島賢	県南・県中	ユニゾン設計国島建築研究所	ユニゾン	安藤製材所
ふくしま建築集団	遠藤知世吉建築設計工房	遠藤知世吉	県北・県中	遠藤知世吉建築設計工房	渡辺工務店	丸三木材
そうま復興住宅「ふくしまの家」建設グループ	草野建設	草野清貴	相双	荒設計事務所	草野建設	近藤材木店
いわき家ナビ	正木屋材木店	大平宏之	いわき	吉田歓彦建築設計室	後田工務所	正木屋材木店
南相馬市小高建設業建築協会	玉川建築工業所	玉川敬	相双	桂建築設計事務所	小林建業	相馬地方森林組合
三春町住宅研究会	ワタショウ	渡邉正二	県中・県北	結建築研究室	ワタショウ	ツボイ
そら・住まいる・リターンズ	菅野建設	菅野日出喜	県北・相双	設計組織アーク	菅野建設	丸とワーク
全建総連福島（福島県建設労働組合連合会）	遠藤工務店	遠藤安男	いわき・相双	優建築設計事務所	遠藤工務店	シーエム設計企画
福島県建築士会青年委員会復興住宅プロジェクトチーム	大桃建設工業	大桃一浩	県南・県中	共立建築設計事務所	大桃建設工業	
ファーストホーム復興住宅の会	ファーストホーム	水野谷秀幸	いわき・相双	三春設計舎	ファーストホーム	
福島優良住宅建設協会	悠二十一	渡部伸	県中・県南	菅野哲司建築設計事務所	悠二十一	田村森林組合
ふるさと福島復興ﾌﾟﾛｼﾞｪｸﾄﾁｰﾑ	武藤工務店	武藤武	県中・いわき	武志一級建築士事務所	武藤工務店	田村森林組合
ＮＰＯ法人　南山匠の会	丸惣建設	星聖司	南会津・会津若松	丸惣建設一級建築士事務所	大橋工務店	日光木材
相双「ふくしまの家」をつくる夢グループ	関場建設	関場啓	相双	杉本設計室	関場建設	杉内木材工業

←広報対象のみの団体
14団体／33団体

←ヒアリング対象団体
19団体／33団体

いので長岡の工務店に頼むけれど、後の改修や増築は山古志の大工・工務店でできるので安心してくださいと発注者である被災者に説明しました。

5-4　未完成の家づくり

東日本大震災で、東北での復興住宅はどうなるんだろうとたいへん心配になりました。努力しなくてはいけない。被災地の工務店は他に応援を求めてください。応援を求められた場合は、他地域の工務店が応援しますと言い続けましたが、地元はなかなか応援を求めないんです。それがいまも続いています。秋田からも山形からも青森からも応援はほとんどありません。多分、大きなところの下請けとして職人が行ってしまうので、工務店が困っているということはあると思います。ですから職人達が誰の応援をするかという態度をはっきりさせるために、工務店が立ち上がらなければいけないと思います。ただこれまでと同じ体制で立ち上がるだけではダメで、関連業種同士の連携が求められます。川上から川下までとよく言われますが福島県の試みのようなグループをつくらないといけない。そのうえで、地元と他地域との連携がないと将来の在来工法が困ると思っています。さらに復興住宅が完成したら、当分需要がなくなってしまうという問題も深刻です。

山古志では小さく未完成の家づくりをしましょうという話をしました。この話を東日本大震災の被災地の岩手県でした時に、「分かりまし

福島基本タイプ
（田の字プランの木造スケルトンを基本とする住まい）

宮城基本タイプ
（浸水域における市街地の店舗併設タイプも提案）

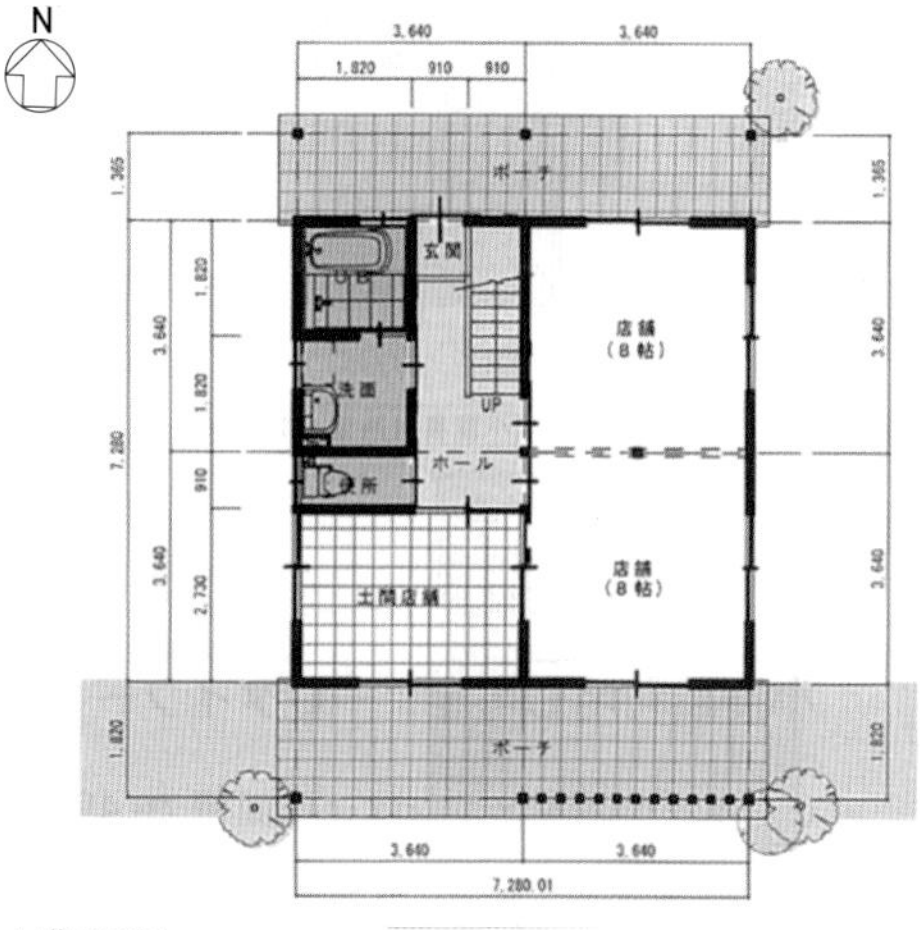

1階平面図

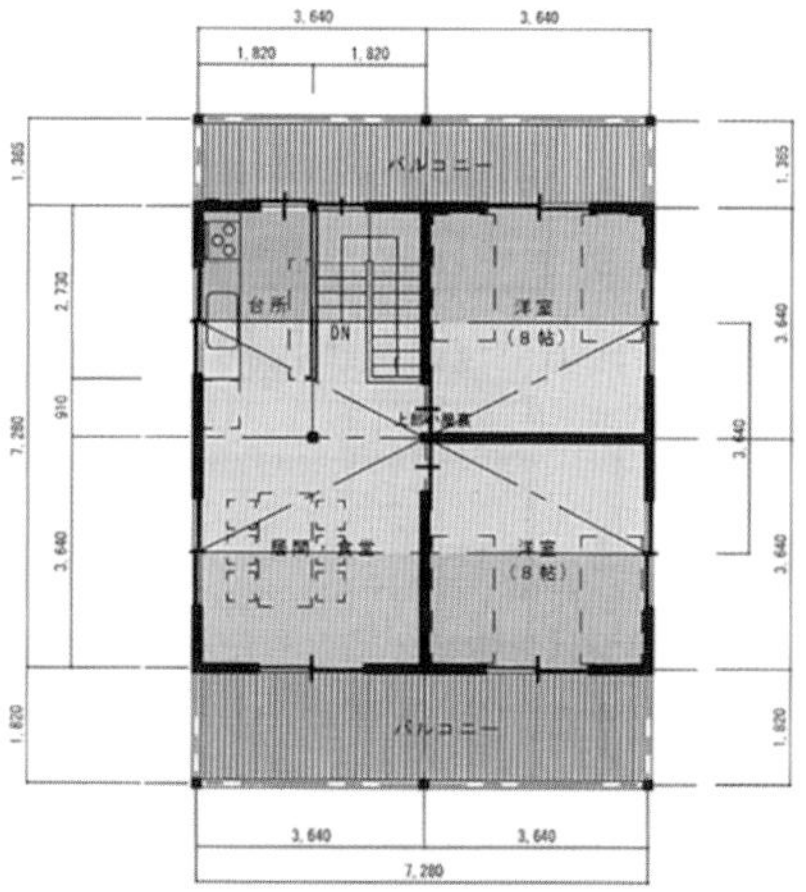

2階平面図

岩手基本タイプ
（2階に増築可能な成長する住まい）

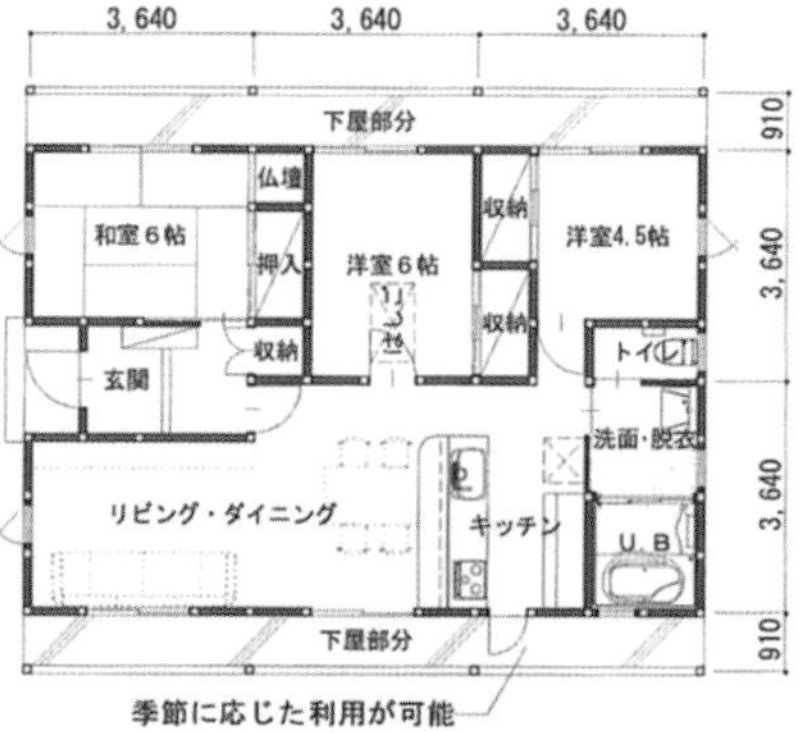

1階平面図

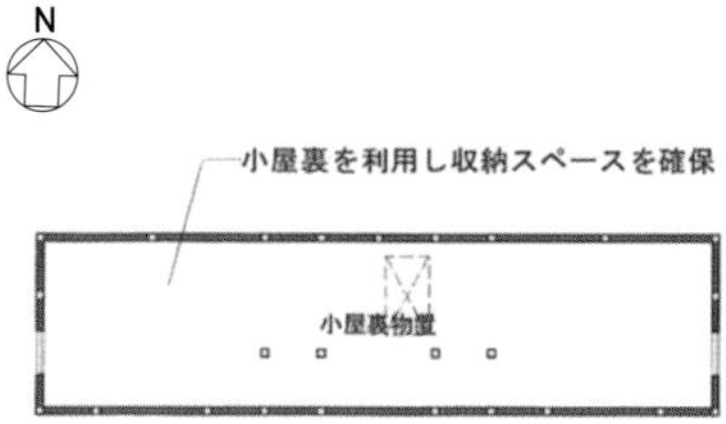

床面積／77.84㎡（23.5坪）

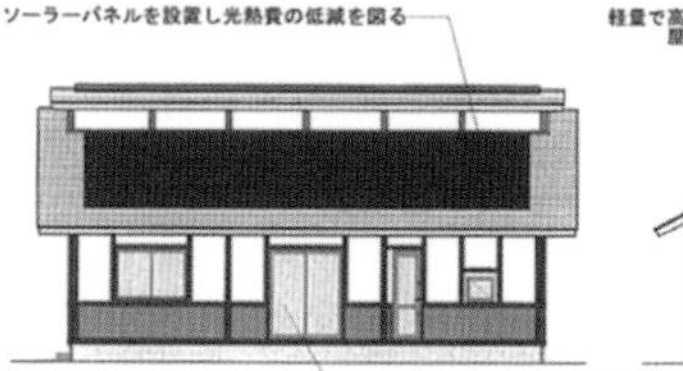

南立面図

西立面図

た。今まで公営住宅に住もうと思っていました。小さくていいんですよね。後で息子が大きくすればいいんですね。」と言ってくれた主婦がいました。すごく嬉しかった。いまつくると補助金がたくさん貰えるのでいまのうちに大きいのをつくろうと思ってしまうという若い奥様もいました。個人的にはそうでしょうが、復興住宅の数もスピードも遅くなるし、将来はみんなが困るようになりますね。仕事をする側だけの問題だけではありません。仕事を発注する側の問題でもあるので、この問題はとても難しい話です。小さくて未完成な家づくり、増築可能な家づくりをやりながら、地域で仕事をする人のチームがずーっと生き残っていくことを考えなくてはいけません。地域の「生業の生態系の保全」という言葉を山古志で気付き、使い始めましたが、ずーっとこれを目指していきます。持続可能な地域の住まいづくり・まちづくりというのはそういうものではないかと思います。

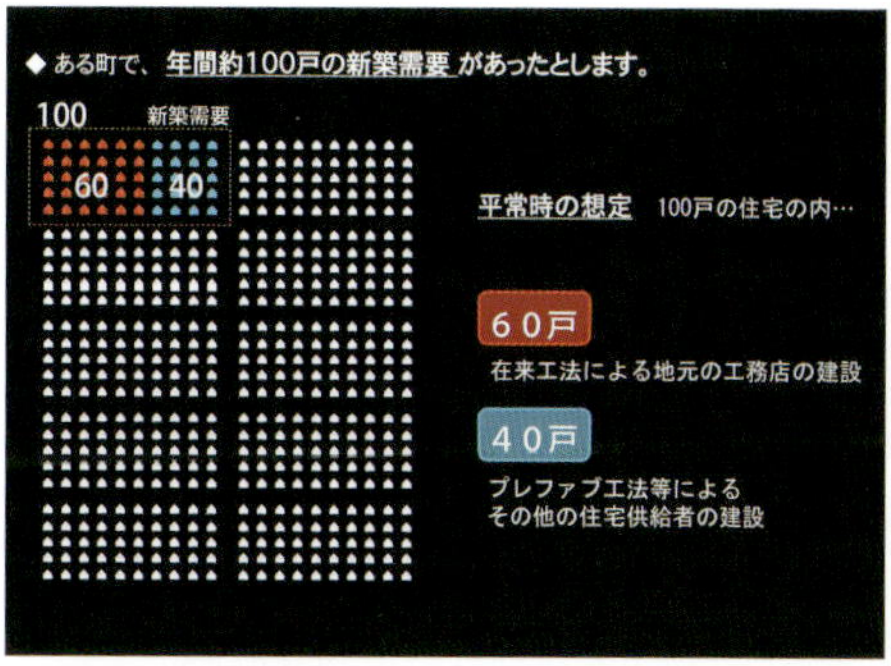

①平常時100戸の需要に対し、地元在来工法で60戸、60%を供給していると仮定する

▼

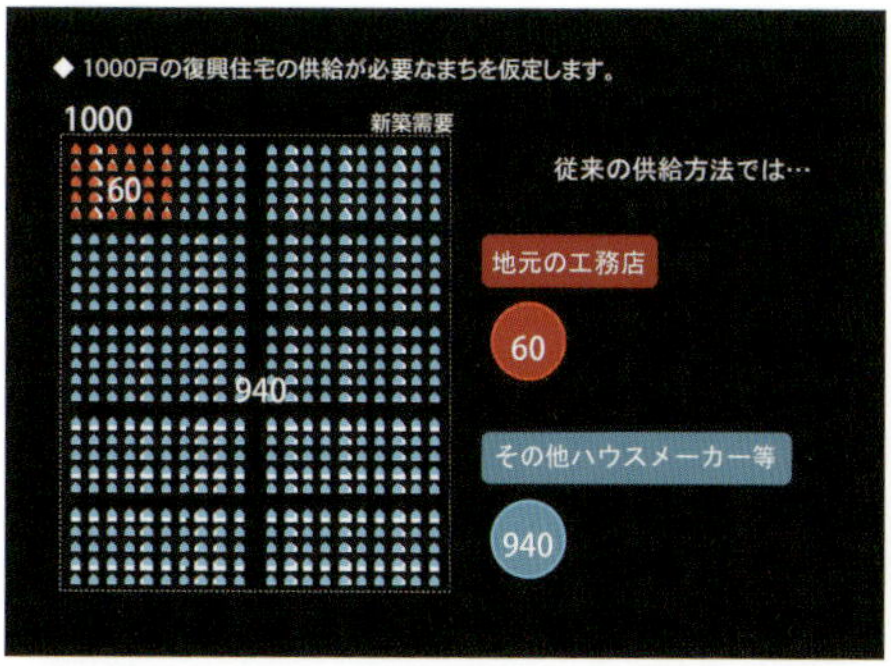

②大量損失の災害時1,000戸の需要が発生した場合、在来工法は通常のつくり方では60戸、6%しか建設できない。これでは将来の市場は極端に少なくなる

▼

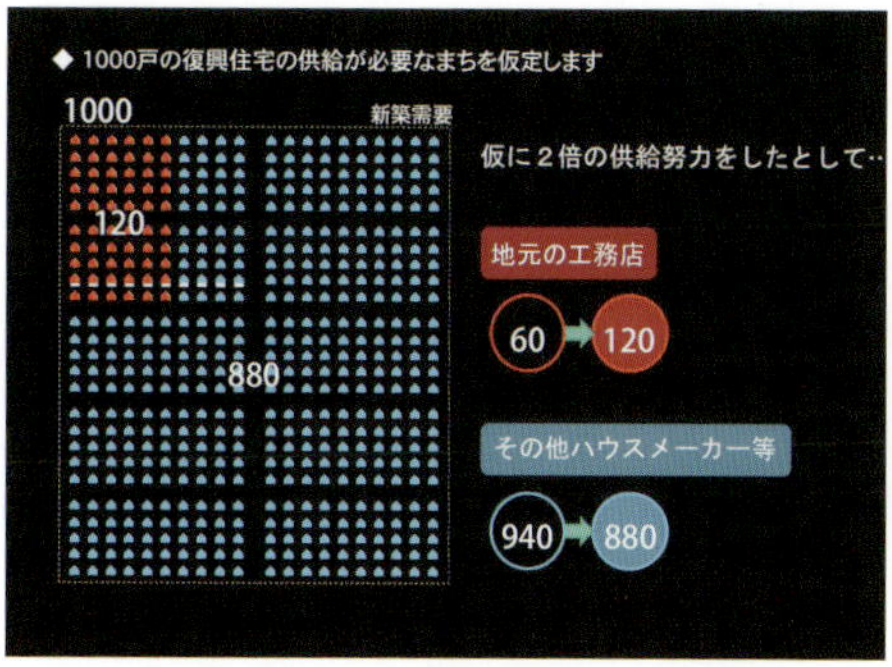

③仮に２倍の努力をしても120戸の12%しか建設できない。将来の市場はその12%からしか発生しない可能性もある。それでは在来工法の存続が危ぶまれる

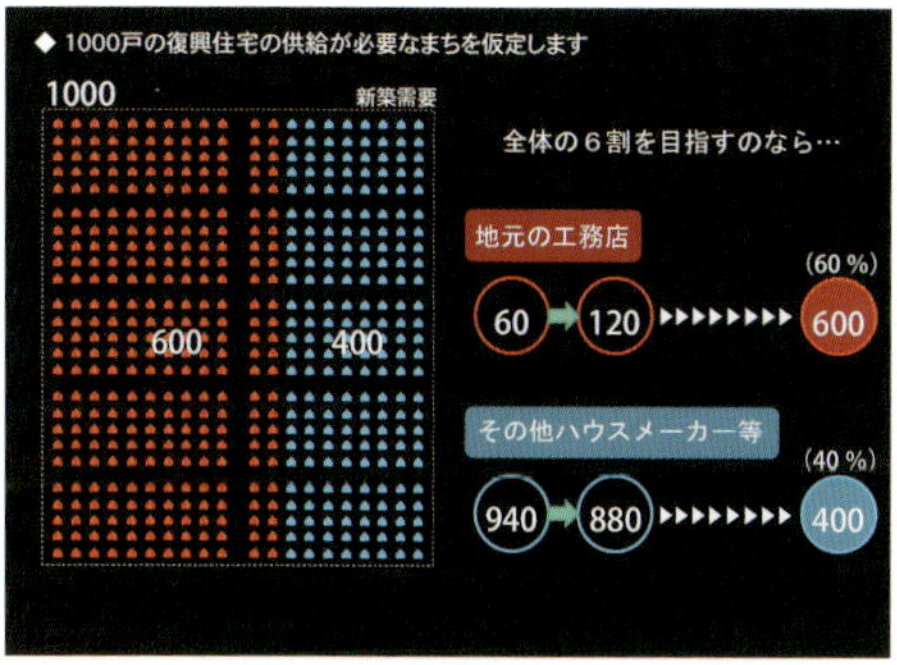

④理想としては、将来の市場を考えると600戸60%はつくりたい

▼

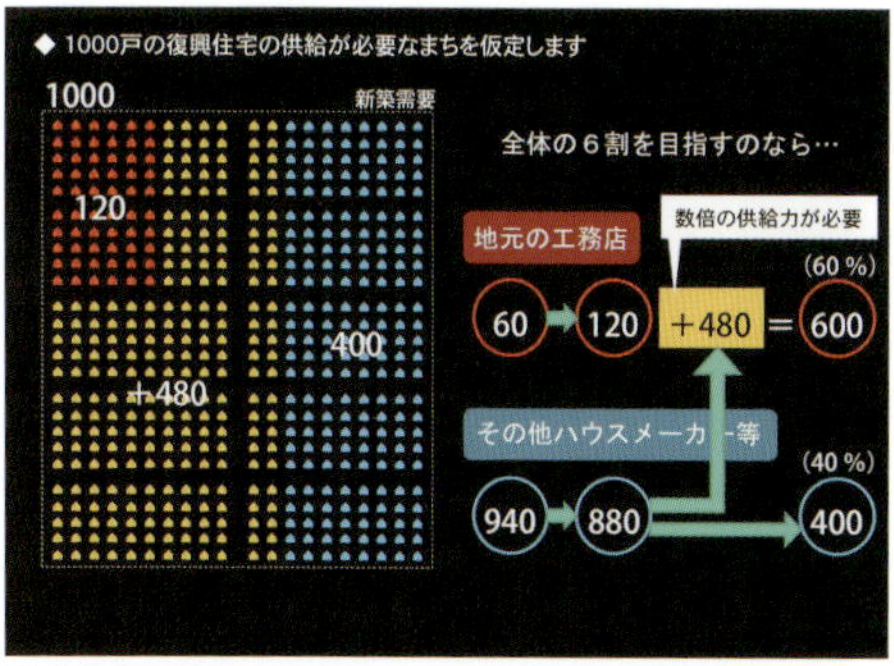

⑤黄色の480戸、48%は外からの応援で在来工法でつくりたい。近い将来増築したり、改修したりする工事が発生するようなつくり方が望ましい。発注者の理解も必要となる

▼

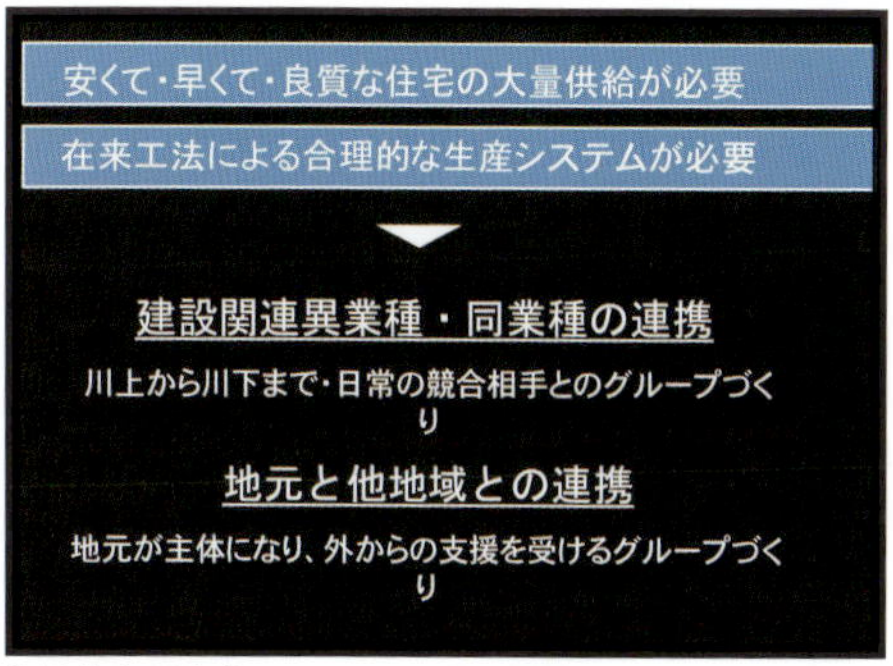

復興住宅が完成したら、その後の需要はなくなってしまう
→廃業の可能性も

陶工のまち有田と私

内田祥哉

有田から、青木町長と岩永県議が私の研究室に訪ねて来られたのは、昭和52年正月早々の14日と覚えている。池田知事の紹介状には話の内容は記されていなかったが、有田の町に焼物の町に相応しい美術館のようなものをつくりたいというので設計を頼むという内容であった。

有田の町に出来る美術館の重要性はいうまでもないもことであるから、これは真剣に取り組まねばならないと私は考えた。そこで例によって、設計には少なくとも1年かけるつもりでいてほしい、また実際に図面を描いてくれる人、現場を見てくれる人達に思い通りの仕事をしてもらうためにも十分な処置を考えておいてほしいと申し入れた。

実は有田の町を私が知ったのは、それより随分以前からであった。佐賀県立図書館の外装タイルを、工場に見に行ったのが昭和36年であるから、もう27年も前のことである。当時は、タイルのことについてほとんど知識がなかったから、磁器と陶器の違いからはじまって、何もかも教わりながらの仕事ぶりだった。

当時工場検査で往復した有田―佐賀間の道路は、渋滞がない代わりに砂ぼこりの連続であった。

東京から見ると、有田は佐賀よりも更に遠い。この遠隔地に建物をつくれば、メンテナンスは誰かに頼む以外にない。建物はつくったときの気持ちを理解してメンテナンスしなければ、寿命にも影響がある。それならば、将来地元でメンテナンスを引き受けてくれる事務所と一緒に設計をしたい。そこで最初の仕事は、三井所君に現地の近くで設計事務所を始めるつもりがあるかどうかを聞くことであった。三井所君の卒業設計は佐賀県庁周辺の再開発計画案で、かれが佐賀県の出身であることを知っていたからである。話はトントンと進んで、早速一緒に現地を見に行くことになった。

長崎空港から有田に至る道は、ほとんど舗装されており、それ以上に驚いたのは、有田の町内道路が良く舗装されていることだった。焼物を運ぶときに破損しないよう舗装優先で町の行政が進められてきたということだった。

もっと驚いたことがある。最初に案内された卸売団地の豪快な姿である。広々とした大通りの両側に、見飽きるほど続く店舗、それらがすべて百貨店の高級特別陳列室風の装いをしているのには、唖然としてしまった。普通卸売団地は消費地につくるものだが、ここでは常識にそむいて生産地につくったという。そこは、ディラーに生産現場を見てもらうためであると聞いてなるほどと感心した。

有田町は文字通り磁器生産一色に染まった生産基地である。人口1万5千人のほとんどが磁器生産者で、それ以外には日用品雑貨の店があるくらい、今日ではレストランや喫茶店もいくつか出来たが、当時は昼ですら食事をするところも、お茶を飲むところもほとんどなかった。人口は夜より昼の方が多いが、みんな弁当持参だから食堂も喫茶店も不要だったのである。夏休みに、研究室の連中に敷地調査を手伝ってもらったときも、暑い中、休むところ、食べるところがないのにはずいぶん苦労した。

有田のように一つの産業に徹底した町村がほかにあるだろうか。町の人からもそれを聞かれることがある。瀬戸をはじめとする中京の窯業も有田ほどには専業化されてはいないようだし、輪島や奈良井宿も漆器の他にもう一つ別の産業が混在している。その点有田は、思いつめたように焼き物一筋である。

一都市一産業といえば、鉄鋼や炭鉱の町があるが、有田は大企業にだけ支えられた町ではないところがそれらと根本的に違う。有田には大きな企業から零細な企業までが混在しているし、小売りもあれば、卸もあれば、生産者もいる。生産者といっても生地づくりから染付け、絵付けまでを一貫してつくるところもあれば、そのうちの一工程だけを生業にするところもある。有田の町の企業の構成は三次元マトリックスに表現しても、あらゆる組合せを埋め尽くせるほどの多様性をもっている。町中どこもここも好況ということは滅多にないかわりに、不況なところがあっても、他に好況のところがあって、町を支えてくれるという。それらはすべて青木町長から聞いた話である。町長の役割は、町内にある大小さまざまな企業の連合会長のようなものだと私は感じた。

町に美術館のようなものがあればという願いは、有田の町にとっては当然すぎる願いであろう。古伊万里や古鍋島の逸品を集めようということもあろうが、それよりも現代の作品や製品を扱って、町の産業を活性化するために必要な施設だと思った。

町に泊まり込んで基本計画を考えていた頃のことである。初めに考えていたことは、先ず町が自力で小さな美術館を建てる、それをてこにして県が本格的なものに拡大する、という手順であった。ところが町でつくろうとする小さな美術館に国庫から民俗資料館としての予算がつくことになった。そこでそれを県の建物と一体化することは不可能になった。何とか配置を工夫してみても、どうもうまい設計にまとまらない。私としては敷地を分けて別のものにする以外に方法がないと考えるようになった。しかし、小さな町にとって、施設が分散するのは負担になるだろうし、そのうえに計画は多少でも進行していたから、いまさら敷地の変更等はあり得ないことのようにも思えた。だがとうとう一晩考えあぐねた末、朝になってやはり計画変更を申し入れる決心をした。そこへ突然、町長から敷地を変えようと思うから一緒に見てほしいという連絡がきた。私は狐につままれたような気持でびっくりしたが、それですべての問題は一挙に解決してしまった。

設計はエスキスを重ねたうえで、一度白紙に戻す機会がないと良いものはできないという話は、多くの先生が学生に教えているところである。だがそれは行政と絡めばできないのが当たり前の話と思っていた。大きな都市、大きな組織では考えられないことが、コンパクトな組織、小さな町では可能なのだということを初めて知った。それにしてもどこでもができるということではないと思う。

最初考えられていた敷地は町の南の端に近く、今、佐賀県立九州陶磁文化館の建っている所であったが、そこは全面的に県でつくる施設に残して、民俗資料館となった町の施設は、町の北の端、磁器の原石の採れる泉山の西側に位置を変えることになった。

一つの敷地に出来るはずのものが、町の中心を挟んで南北の両端近くに分かれて出来ることになったのである。この時以来、私には有田町が町ぐるみ美術館になれるという姿が見えてきたのである。佐賀県立九州陶磁文化館から有田町歴史民俗資料館に至る有田町の町並みは、陶器市のときでなくてもショッピングを楽しめる通りであるし、窯元の展示場では古い美術品を見ることができる。また、焼物見物をしないとしても、古い民家で人を立ち止まらせるものも少なくない。陶器市のとき以外にはあまり多くの人が訪ねることのいない町も、歩いてみると面白いというのが私の実感だった。

その後、九州芸術工科大学の澤村教授を中心とする民家の調査が進められた結果、表通り以外にも古い民家でしっかりしたものが数々あることが明かされ、私も有田に立ち寄るおりおりに横丁に入り、建物を見歩くようになった。

有田の町のメインストリートは一筋道である。だがよく見ると、細い裏道を上手に繋いで楽しい散策路に、という町の発想が、伝産モデル整備計画によって一部実現し始めた。初めは手馴れないためのぎこちなさも見えたが、点となる広場が整備され、点と展とが繋がってみると、裏通りにも見せるものがあることが判ってきた。最近は観光バスで来た観光客も歩いて見るようになった。至る所に「トンバイ塀」が活用されているのも有田ならではの風景である。

トンバイは古窯の壁の耐火煉瓦で、燃料の松の灰が付いて自然に出来る窯変である。廃棄する窯がないと出ないし、今は燃料に松を使うことは稀だから新しいものはない。知る人にとってはたいへん貴重なものであるが、有田の町では土地を掘ると出てくることがある。それ以来、私はトンバイに魅了されている。

陶工之碑を設計するときにはこれ以外の材料は考えられないと思ってトンバイを使った。この時は、ありそうな所を新しく掘ってもらい、特別良いものだけを選んだ。中でも出角《ですみ》に使ったトンバイは古窯の窓の出角にあったもので、これは今後あまりみつからないものと思っている。トンバイは強度がないというのであいだに「三間坂《みまさか》石」をはさんで積んだ。この石は地元の建物が基礎に使う石で、これは年と共に乾燥し硬くなるといわれている。時と共に色も黒ずんでトンバイともなじみ、つくった時よりも全体として色に渋みが加わってきたように思う。

有田の町の古い部分は、最近次第に人口が減っているという。また工場のなかにも狭くなって移転するものがある。そうした所を活性化するのには散歩道をつくることも一つであるが、最近の車輪送に便利な道が必要であるということで、有田町は「歴史的地区環境整備街路事業」の調査をすることになった。

陶工之碑。設計＝内田祥哉＋アルセッド建築研究所　写真＝岡本寛治

私も委員の一人として参加していたが、道をつくるといっても山の迫っている所で、山を削れば崩れる心配があるし、町の中は建物が一杯である。最初はとても現実の可能性がみえなかった。しかし、1年間で少ない隙間を縫うようにした計画が、原案として出されるまでになった。実際の工事には大きな予算が必要であるから完成が何時かはまだ分からないが、それにしても住民の合意の得られる案ができたということは、古い町の将来に活性化の光が見えたということができよう。

最近出来た施設で有田の町の自慢の種になっているのが県立窯業大学校である。その名からも分かるようにいわゆる文部省の大学設置基準による大学ではなく、技能訓練専門の学校である。どうせつくるなら超一流のものにしたいという町の発想は見事に達成されている。少なくとも窯業についての教育環境は、施設を含めて世界に例がないだろう。

県立というと県民第一主義がよくいわれるが、この学校は他県の人を喜んで迎える。もちろん世界各国の人も喜んで迎え入れるに違いない。そういう意味で講師も日本中から迎えている。焼物の中心地有田という自負に満ちた施設である。先日も東北のある町が役場の青年を有田の大学校に送り込みたいということで相談を受けた。ここでみっちり2年間勉強

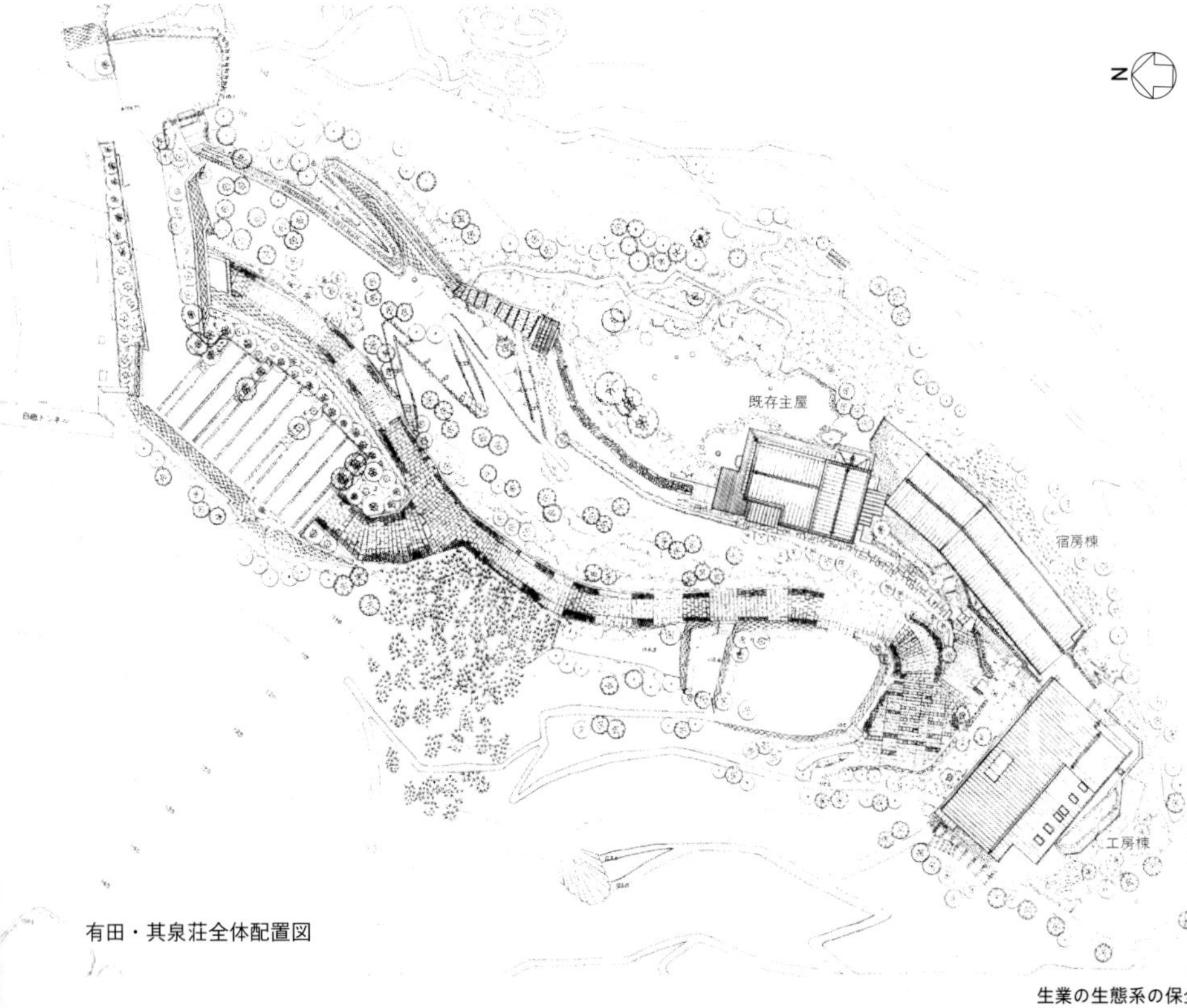

有田・其泉荘全体配置図

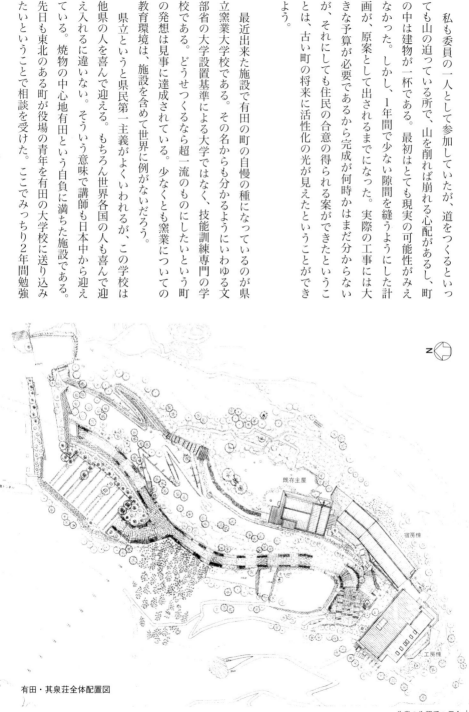

して町に焼物の産業を興したいというのである。学生に比して施設がたっぷりしている。指導する先生に不自由はない。生徒のレベルも高く、優れた友人、同僚が得られるということで最近は入学希望者も多く、申し込んでも入学できない人が多いという話だった。

この頃、大工さんのための技能教育のできる大学がほしいという声を聞く。またそれをつくりたいという話を聞く。そんな話を聞くたびに有田の窯業大学校のような施設ができたらと思い、是非一度見学されるようにお薦めしている。

建物はアルセッドの設計である。工事中から何度か見に行ったが、私の役割はほめることではなくて、厳しい意見を言うことであると心得ていたつもりである。その中で中庭にある焼物の模様に使われていた草花の植込み等は、アルセッドならではの仕事ではないかと思っている。

アルセッドの仕事で私が関心しているものに基泉荘がある。恐らく多くの人がこの建物には注目しているに違いないと思う。私はこの建物を古い建物の改修だと思っていた時期がある。それほどに平凡で何気ない佇まいである。しかもそれでいて見る人に「あっ」と言わせる力がある。そういう意味でなんとも魅力的な建物である。

有田の町には、町並みも中に新しい仕事で目につくものができるようになった。有田の町はＨＯＰＥ計画を通じて地元の建築事務所相互の交流ができた。その交流が密になって、地元の人、住人と建築家達の知恵が蓄積されつつある。もしそのような交流を通じて新しい建築が一つのまとまりある流れにまとまっていくとすれば、有田の町に有田ならではの町並みができていくことになるのかもしれない。

現代の町並みはどうあるべきかという問いに対して、今日の建築界はまだ確たる答えを出す段階に至っていない。それが簡単に出せるものではないことはいうまでもないが、成熟した社会では、歴史的時間の経過の中で自然に形成されていくものであろう。したがって、それは多くの人の知恵の交流があって初めてできることであろう。その意味で、有田の町が伝統と現代を調和させた新しい町並みの形成に一つの提案が出されることを期待している。

うちだ・よしちか／建築家・東京大学 名誉教授

『住宅建築』１９８８年９月号より

第2章

地域でつくる中大規模木造建築の実践と課題

はじめに

今日は住宅でない建築を木造でつくる話をします。

昭和12年〜昭和20年の戦争で日本の木造建築をつくる背景がすっかり変わってしまいました。さらにその後の災害を契機に一部社寺の建築を除けば、木造建築をつくる技術も忘れられてしまった。どうやって日本のなかでもう一度木造建築をつくれるようになってきたか、どうしたらみんながつくれるようになるかが今回のテーマです。現在の状況を見ますと、全国各地の地元の人が参加する状況ではなく、先導的技術をもった特定の少数の人々の力で木造建築がつくられています。これではまだ全国の林業を活気づけて地域を活性化させることにはならないだろうし、川下側の設計者、工務店、職人など、地元の人々が参加できないようでは、地域経済も活性化しないわけで、地域の力で木造建築をつくる仕組みも忘れられてしまいます。そういうことがあって、地域の人とつくる木造建築とはどんなものなのかということをアルセッドの取り組みも含めてお話ししたいと思います。最後に、最近の社会の動きを紹介したいと思います。

1　現代木造建築の歩み

1-1　西洋木造技術の導入

木造建築は日本をはじめ世界の多くの国々にあります。それは法隆寺のような特別の建築ではなく、普通の木造建築がすごくもつんだということを認識した時があります。その一つの例をご紹介します。1500年代、日本では安土桃山時代にあたりますが、その時代につくられた木造建築の市街地がドイツにしっかりと残されています。シュマルガルテンという宗教戦争で有名

シュマルガルテン市街地の16世紀に建てられた木造住宅

大山崎山荘　齊景楼（せいけいろう）
大正年間〜昭和7年

同右・旧車庫（現レストハウス）

になった街です。その街で二つの建物が並んでいる興味深い現場を見かけました(右下写真)。左の方が、改修が終わって現代的な機能を持った建物に変わっています。右の方はこれから手を入れようとしています。中に入って見ますと、柱梁の木組みだけになっていて壁と床の面材の石やレンガはすっかり取り払われて木の架構全体が見えるような状況になっていました。太い部材の取り合いは木と木を組み合わせるような形になっていて、接合部を木栓で止めていました。ハーフティンバーと授業で教わったものです。

明治に同じ技術の建築が石造、レンガ造と同様に日本に入ってきました。例えば、京都にある大山崎山荘です。今はアサヒビールの美術館になっています。大正の中頃から昭和7年にかけてつくられました。立派なハーフティンバーの建物です。しかし、これを見た瞬間にヨーロッパの建物と日本の建物は違うと気がつきましたが、どこが違うか分かる方は日本の風土を勉強してきた人だと評価したいと思います。本屋とは少し離れて建っているかつての車庫です。車庫もハーフティンバーです。これではっきり見えますね。深い軒が妻側にも出ています。ヨーロッパの建物には基本的に軒がありません。これを導入した設計者は、日本の雨風が強いということをよく理解していて、軒を浅くつくると煉瓦や木組の間から水が染み込んでたいへんなことになるということが分かっていて、妻側にもきちんと軒を出しています。日本化をしながら導入しているんだなと理解できます。大正から昭和の初めに導入した人に敬意を表しながら、立派なことをやっているなと思いました。

次は昭和20年代に、私が小学校1年生から6年生まで過ごした佐賀県の神埼小学校の講堂です。昭和10年に竣工しています。自室のアルバムにあった棟上げの時の写真です。上屋の高い棟の上や下屋の屋根の上にも大工達が乗っています。足元の材木の上に帽子をかぶった田舎の紳士が写っています。工務店の社長や町長達でしょう。十間幅程の大きな講堂があって、下屋の

同右・妻側庇を見上げる

昭和10年竣工・旧神埼町立神埼小学校上棟式の写真

同右・講堂

ところには1間半くらいの廊下が回っていました。小屋梁はクィーンポストトラスといって、中央に2本の束を建ててトラスを組んでいきます。1本だとキングポストトラスと言います。ヨーロッパの大スパンの建築をつくる技術が使われていました。設計者は県庁の技官だというところまでしか分かりませんでした。こういうものが田舎でも建てられる技術が昭和初期にはあったんですね。中はとても品が良く、講堂を小学校や町内あるいは郡内の文化行事で使うためにつくられました。この写真をよく見るとバスケットゴールボードが付いています。私が小学校に通っていた時には、講堂に対してこんな無礼な使い方はしていませんでした。発表会や朝礼の他、式典などの文化活動のために使っていました。正面の奥に貴賓室がありました。貴賓室に入れるのは6年生だけでした。掃除当番で入ります。それ以外は子どもが入ってはいけない部屋でした。町一番の立派な会議室でした。

1-2 戦争・自然災害の経験と木造建築

昭和12年に日中戦争が勃発しました。昭和13年に木材使用制限の統制令がでます。木材を一般建築のために自由に使えないということです。昭和14年には鉄鋼の使用統制令がでました。こうなると民間の建築は出来ないことになりました。軍需関連施設をつくる以外は木材が民間には流れない。昭和13年には日本木材統制株式会社というのができました。平成28年のNHKの朝のドラマ「とと姉ちゃん」に、江戸時代からの老舗の材木屋の跡継ぎがその会社に就職する場面があってびっくりしました。太平洋戦争の前に大陸での戦争が昭和12年に始まるんですが、太平洋戦争に入ると今の北朝鮮の経済制裁より厳しい状況となり、海上が封鎖されてしまいました。外国から石油や鉱物が入ってきません。そうすると国内で生産される木材しか使えません。建材、航空機、造船、燃料にも木材が使用され、油まで松の木の根っこから搾り取って使ってい

日本の風土にあった木造建築

■あたたかい海（黒潮・対馬海流）に囲まれた日本
■夏の雨・冬の雪に恵まれた日本
■概ね北緯25度から北緯45度に亘る多様な気候の日本
■多様な樹種がよく育つ50年から80年で成木となる
北/エゾマツ・トドマツ・カラマツ・シラカバ
南/クス・シイ・カシ・ニレ
北～南/スギ・ヒノキ・サワラ・ヒバ・マツ・ナラ・ブナ・クリ

木材は建築・家具・什器として生活の中に定着
日本人の木を使う生活文化が発展

戦争・震災の経験と木材

人間の争いによる木造建築の焼失・損壊
再生できないほどの森林伐採
木造建築→石造建築

海に守られた日本
木造建築が現代まで発展できた

戦災・自然災害の経験と木造建築

■昭和12年 日中戦争 勃発
■昭和13年 木材の使用制限の統制令
■昭和14年 鉄鋼の統制令
■第二次世界大戦時の海上封鎖（石油・鉱物の原料）
■国内の木材資源の大量消費
：建材・航空機・造船・燃料
■空襲・焼夷弾・木造建築主体の大都市が焼失
■戦後の木材不足：住宅の15坪制限
■復興市街地の火災多発
■昭和28年：建設省 木造住宅敬遠
■昭和31年：文部省「木造校舎の構造設計標準(JIS A3301)」
■昭和34年伊勢湾台風
：都市・建築の不燃化推進・木造建築禁止（建築学会）
木造建築の教育と研究の停止

ました。内地が爆撃されるようになると、空襲で焼夷弾が落ちて木造の都市が焼けてしまいました。戦後は、里の近くの山で使いやすいところの木はほとんど無くなっていましたので、昭和21年に住宅の15坪制限が始まりました。昭和22年には12坪制限とさらに厳しくなります。昭和23年に15坪に緩和されて昭和24年まで続き、昭和25年に解除されました。

そんな流れがあって復興の市街地が出来てきますが、七輪やかまどで火を焚いて料理をするので、失火で大火になることも多く、消防自動車も道路も整備されていない状況でした。昭和28年頃、建設省では大都市での木造住宅や木造建築を敬遠する動きが出てきました。不燃建築、不燃都市をつくる動きです。そういう動きになっている時、昭和34年に伊勢湾台風が来て木造の建物がめちゃめちゃに壊れて、木造の建物を止めようという動きが一気に高まりました。京都で行われていた建築学会で木造建築禁止を決議してしまいました。木造に関する研究や教育が停止されました。その直前の昭和31年に文部省は、コンクリートや鉄筋を十分に使えない状況の時に、木造校舎の構造設計標準JIS A 3301を制定していました。これから木造で学校をつくろうと文部省は動きはじめたのでしたが、昭和34年に木造禁止になったので、ほとんどつくられなかったのではないでしょうか。戦争や自然災害により木造建築の運命は大きく左右されます。

一方で再生できないほどの森林伐採も起きてしまいました。それでも、植林は続けられたと思います。昭和19年に発表された「お山の杉の子」という学校唱歌があります。禿山に植えられた杉の苗木に、「これこれ、杉の子起きなさい。お日様ににこに声かけた」という歌詞があります。

ヨーロッパでは、歴史的に数限りない戦いがあり、木造建築では耐えきれないということで、多くは石造建築に変わったと推測します。日本でも不燃都市をつくろう、焼夷弾で燃えたり、大火で燃え広がらないようにしようと思った気持ちはよく理解できます。そういう意味で日本では太平洋戦争までは他国に侵されるようなことがなかったので、木造建築も生き延び、現在まで

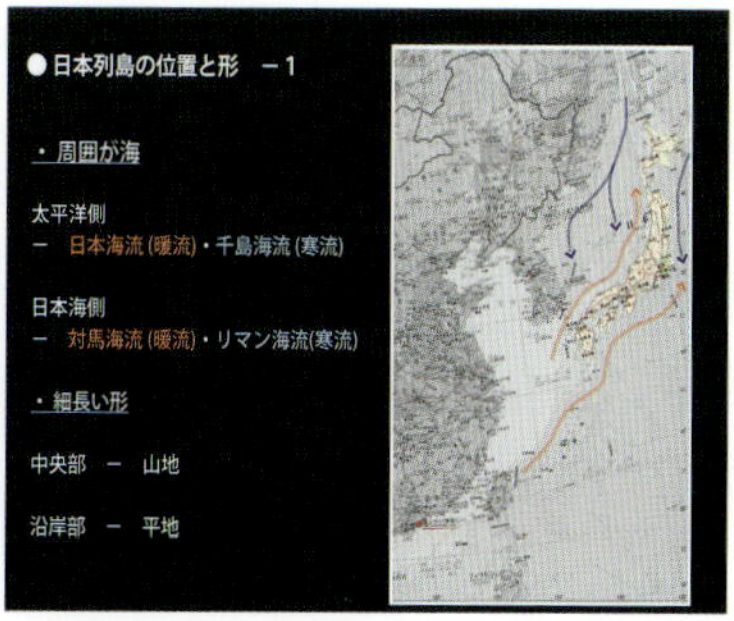

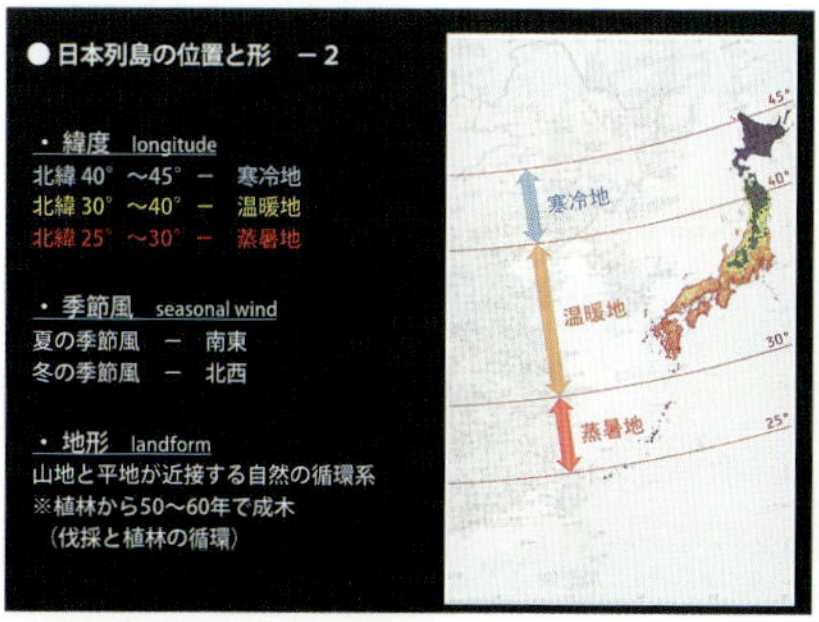

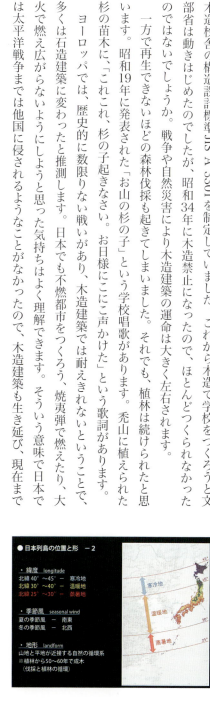

住宅や社寺で維持・発展してきたと思います。そういう意味で木造建築は平和の象徴と言えます。

1-3　日本の木造建築の復権

実際に日本は極めて森林資源に恵まれ、暖かい黒潮と対馬海流が列島の両脇を流れ、夏も冬も降雨量が多く、暖かさも寒さもそれほど厳しくはない。北緯25度が沖縄の南、45度は北海道の北部であり、鹿児島の少し南の北緯30度から45度までの間に日本列島の大部分が細長く連なって、背骨みたいに山脈が通っています。そういう所では木がよく育ちます。少し気候が違う北と南のうち、北の方では針葉樹のエゾマツやカラマツが育ち、南の方ではスギやヒノキなどが育ちます。広葉樹もいろいろ育っています。建築だけでなく、食器や家具にも特質を活かした木が昔からよく使われてきました。そういう意味で日本人と木は切っても切れない関係にあります。海流のおかげでさして暑くもなく寒くもなく、勤勉な国民性が生まれているのも温暖な気候のせいではないでしょうか。気候を基準に考えていくと、日本の中でも北と南、内陸と海岸側、高地と低地によって違います。福島県の南部でも海抜600メートルくらいになると、冬はマイナス10℃くらいになります。ずいぶん気候が変わります。

南会津の紅葉の山の風景です。全山紅葉したところに初めて出会いました。佐賀で育ったので年中緑濃い、常緑の照葉樹林で山が覆われていますので、こんな風景は見たことがありません。紅葉は山の麓の裾模様という所とは大違いでたいへんに驚きました。冬になってもっと驚いたのが、山の地形が見えていることです。雪が積もって起伏の具合がすごく読める。樹木はモヘヤのように落葉した枝が見えます。北と南、内陸側と海岸側で気候が違うので、生活も違うし、建築も違うし、生えている木も少しずつ違っています。

日本の森林の面積は国土の3分の2です。国土を10㎝角だと考えれば、3分の2は8㎜幅で回

冬季の落葉した南会津の山

美しく全山紅葉した南会津の山

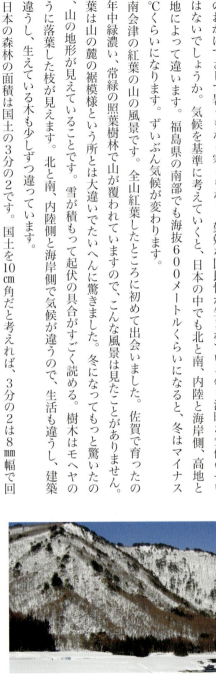

りを縁取った内側の8・2㎝×8・2㎝の正方形になります。こういう面積を占める日本の山の資源を使わないで生きるというのは、日本人にとっては不自然だと思います。山の資源を大いに活用すべきだと思います。しかも50、60年すると先ほどの気候条件からどこでも、建築用材として伐採ができるように育ちます。伐採して植林を繰り返していくと、木材は循環系の素材として、炭酸ガスも増やさないようにできます。

木造建築は長い間、大工・工務店に依存してきましたが、昭和50年代後半、東京大学の内田祥哉先生が日本の木造の継手・仕口を原寸大でつくって、それを学生達と形の意味や力の流れやを考えることを始めました。定年の前の数年間を木造の研究に取り組まれました。それまでは2×4の研究をしていた杉山英男先生と集成材や木造軸組の研究をしていた横浜国大の飯塚五郎蔵先生くらいしか木造建築の研究をしている人はいませんでした。内田研究室では坂本功先生が助教授で、その後教授になりますがその頃から、継手・仕口の実験によって力がどのように伝わるかを研究しました。そして、めり込みや割裂、軸組の変形や復元、木造ラーメンの研究などの実験研究が進み、力と木の関わりを実験から強度計算のできる式を導き出して、木造建築の構造計算ができるようになりました。そういう研究が伝統的な建築を現代的な構造技術使ってつくる契機になりました。

一方、建設省は昭和62年に大断面の集成材で木造建築ができる建築基準法の改正をしました。林野庁はモデル木造という施策を始めました。日本の山では、戦後植林した山の杉・桧・唐松が伐期を迎えます。それを建築に使わないで消費するのは難しいので、建築に使えるようにしなければいけないということで、木で建築が出来るということを技術者や発注者やユーザーに理解してもらうために、モデルとなる木造建築を推進しました。最初に導入されたのが、アメリカやヨーロッパの集成材による木造建築です。集成材を軸状の部材として使用し、接合部を鉄のプレート

日本の木造建築の復権

■工務店に依存した木造住宅
■昭和50年代後半、一部の大学で木構造の研究着手
■昭和60年頃、戦争末期から戦後植林した
　スギ・ヒノキ・カラマツなどの伐期が迫ることの認識
■建設省：
　昭和62年建築基準法の一部改正・木造の制限緩和
■林野庁：モデル木造建築の推進
　ヨーロッパ・アメリカの木造建築調査
　欧米式の金物を介した剪断ボルト接合・ドリフトピン接合
■日本の設計者の新しい試み
　集成材と鋼棒のハイブリット：出雲ドーム
　引張ボルトによる接合：千葉市ふるさとの館

日本の森林率

日本の森林面積 / 日本の国土面積 ＝ 2512万ha / 3779万ha

＝約66%

≒約2/3

[参考文献・出典]

国土面積：国土地理院「平成17年全国都道府県市区町村別面積」
森林面積：森林面積「林野庁業務資料（平成14年3月31日時点）」

日本の国土面積を10㎝×10㎝とすると

森林面積は
8.2㎝×8.2㎝
程度になります
（67.2%）

と剪断ボルトやドリフトピンで締めるというものです。剪断力が鋼棒と木に直接当たる接合技術で、以前から鉄骨の部材を接合する時によく用いられる接合法です。モデル木造の影響で、日本では木造をたいへん面白いと思う人達がでてきて、引張材の鋼棒と組み合わせてハイブリットにしたり。私達も欧米にはない引張ボルトを用いて接合する方法を考えて、モデル木造「千葉市ふるさとの館」を設計しました。

集成材を剪断ボルトで接合した事例です。部材を繋ぐ時に木と木の間にボルト穴を空けた鉄のプレートを挟んで、ボルトで締めます。こんなに綺麗にボルトを並べるのは、たいへん配慮深い構造設計者の仕事だと思います。もうひとつは、湾曲集成材の例で、柱と梁が一体的に集成されていて、柱と梁の接合がない。柱梁がこのように綺麗に湾曲して繋がった建築は日本の伝統的木造建築にはないですね。でも、こういうことでいろいろの建築がモデルとしてつくられ、木で建築ができることを証明していくことになりました。

出雲のドーム（鹿島建設設計・施工）と秋田のドーム（竹中工務店と伊東豊雄設計・施工）の部分写真です。よく見ると蜘蛛の巣のように鋼材が使われているハイブリッド構造です。

内田祥哉先生とアルセッドで挑戦しました。千葉市のふるさとの館です。低い陸屋根の方は桁行方向がラーメン構造、梁間方向もラーメン構造です。耐力壁のないラーメン構造に木造で挑戦しました。こうするといろいろな用途の建築に使えます。大きい2棟は講堂や展示場、体育館などに使えるよう天井の高い平屋建てを考えてみました。構造設計は法政大学の川口衛先生（丹下健三先生の東京体育館の構造設計をされた）にお願いしました。柱と登り梁の接合部、登り梁の合掌の接合部分共に、

出雲ドーム

秋田ドーム

湾曲集成材による講堂／剪断ボルトの並びを配慮した接合部

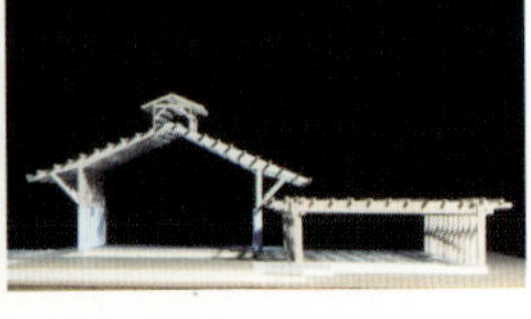
地域の風景に馴染んだ公共木造建築／千葉市ふるさとの館・1989年／景観を壊さない配慮。市街化区域と調整区域の境界に建つ

1本の引張ボルトで締めています。その部分はテンションボルトで抜けず、離れない。また、圧縮力の伝わり方は木と木が直接面的に当たって伝わっていくように考えられています。

富山県の岐阜県との境の細入村に「楽今日館」という温泉施設をつくりました。周辺の風景と合うよう和瓦で屋根を葺いています。切妻の屋根ですが、中は屋根の部分が木の集成材と鋼棒のハイブリッド構造です。桁から下はRCです。しっかりとした8畳間が廊下の両側に続いているイメージで内部に木造の軸組が見える休憩室をつくりました。飛騨の匠がつくってくれたのですが、外の大架構とは違って、伝統的な木造です。ここは気分がいいという評判で、リピーターがたくさんいます。午前10時のオープンの前から人が並んで待っている状態だと聞きます。木造の空間の魅力が一般の人にすごくよく伝わると実感した建物です。この工事をしてくれた工務店の社長から、どうしてリピーターが続くんでしょうねと聞かれたことがあります。やはり外観とともに木造の魅力ではないかと答えました。窓の向うには神通川が流れていて、景色が良いことも理由の一つであると思います。

阪神・淡路大震災が1995年に起きた直後、阪神・淡路相当の地震がきても壊れない木造建築で、群馬の林業機械化センターの施設を建て替えることになりました。委員会で国産材使用と一般性のある構造とする条件等を検討し、基本構想をまとめました。桁行方向はやはりラーメン構法で、梁間方向は2スパンおきに耐震壁が一部入っています。こうすると廊下もとれます。2階建までなら学校等いろいろな部屋割が可能で普遍性があります。このフレームの建築で構造の先生に相談しました。東大の坂本功先生と森林総合研究所の小松幸平先生と構造事務所の稲山正弘

楽今日館（1995年）

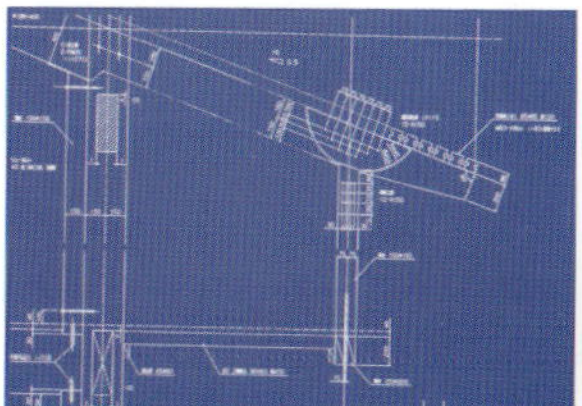

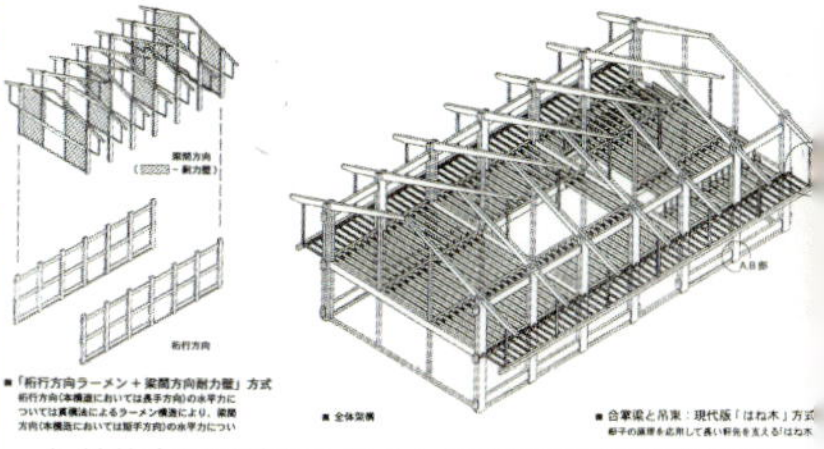

伝統的木組の技術を活かした現代の木造建築開発
群馬県林野庁林業機械化センター（1996年～2000年
「桁行方向ラーメン＋梁間方向耐力壁」方式

さん（現在は東京大学教授）でした。稲山さんは接合部のめり込み理論の研究実績をもち、木構造の理論化を進めた一人です。内田・坂本研でほぼ同時代に木構造の理論化に貢献した研究者は現在、工学院大学の河合直人先生、東大の稲山先生、腰原幹雄先生、藤田香織先生、京大の五十田博先生、それに東京都市大学の大橋好光先生達でした。稲山さんが計算をしてみたら、少し足りない。パネルゾーンに木栓を打ったらという小松先生の提案があり、それで試算したら成立しました。欧米のように剪断ボルトや鉄板などを一切使わず木を組み合わせる仕組みが出来上がりました。これは「日本の独特の木造建築」と言えます。柱に貫が通っているような感じで、足固め貫、胴貫、社寺建築で言うところの頭貫のような感じです。2階の桁と床梁、1階の床梁です。柱に貫を通したような状態で、パネルゾーンに木栓を打っています。地元の大工が参加して加工をしてくれました。木栓の太さは15㎜ですが、木栓より少し小さめの穴を空けます。そこに木栓をしっかりと打ち込みます。そうするとギュッと締まります。内田先生は〝締りばめ〟と言っていますが、ギュッと入るので、剪断力がすべての木栓にかかり、全部が同時に効きます。ガタがない。ボルトだと少し大きめの穴を空けないと組立てられない。工場でつくってきた鉄板の穴に現場で木に穴を空けて、手前と向こうと真中の穴を全部合わせて通すということは至難の業ですから、少し大きめに鉄板に穴を空けます。そうするとガタがあるはずで、全部のボルト力が一緒に働くことがないので、ガタのないボルト穴の木部から順に壊れていく可能性があります。ギュッと締め込んだ木栓の力は重要です。これぞ木造建築の真髄の部分だと思います。

これは4期目の展示棟です。木を組んだだけでもっています。部材が離れないよ

展示棟

展示棟。小屋組の様子

地元大工の参加する組立。木栓を切っている

右写真／木組の廻り階段
左写真／木組の廻り階段詳細

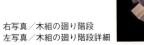

うな引張ボルトを部分的に使っています。螺旋階段ですが、木でつくるのは一瞬ずつとしますが、こうやって継手・仕口を見ますと、非常に簡単で大工は組立の仕組みを理解すると楽につくることができます。大工は面白いのが出来たと喜んでくれました。日本の伝統的木造建築に勝るような建築が出来、設計者も工事者も喜びを感じるものが出来ました。

2 アルセッド建築研究所における伝統的木組による現代木造建築の展開

2-1 宮大工による大断面構造

奈良県桜井市の保育園の遊戯室です。子育て支援や1、2歳の幼児保育施設を併設する複合的な施設です。地元に多い大和棟のような印象の建築をつくりました。裏通りの立地なんですが、大きな木造建築が無理に入ってきた印象はなく周囲と馴染んでいます。遊戯室の桁行方向には耐震壁がなくて、どこからでも出入ができます。これは何の作業をしているかというと、梁の上方両側と下方両側に角材を取り付け、それに木栓を打ち込み一体化してI型ビームを組み立てているところです。しっかりと打ち込んで、剛性の高い梁にしてラーメン架構にしています。集成材を使った大型建築はいやですか？　と大工の若者に聞いたら、面白い、またやらせてくださいと言ってくれました。職人達が興味を持ってくれたということが分かりました。この地域には「聖《ひじり》の会」というのがあって、お寺さんとかお宮さんをつくっている大工・工務店の団体がこれを請け負ってくれました。

宮大工による大断面構造／奈良県桜井市飛鳥学院子育て支援センター・1997年・風景に馴染んでいる保育園

上写真＝レンズワークス

地元工務店が参加した木造の大施設／宮崎県木材利用技術センター・2001年・研究棟を中心とした木造の施設群

左・上写真＝小川泰祐

2-2 地元工務店が参加した木造の大施設

次は、宮崎県木材利用技術センターです。都城市にあります。宮崎はスギの一大産地です。2001年の竣工です。かなり広い敷地に、研究棟を真中に実験棟が4棟、本館と広い講義室があります。これらをゆったり並べて研究室からは施設全体が見渡せて、仲間が遅くまで仕事をしているとか、こちらの棟では種類の違う実験をしているとか、他の棟ではまた別の実験しているとか全体が分かって一体感が生まれます。

玄関のある正面の展示・管理棟は屋根が瓦で、正面の壁はアルミのカーテンウォールで明るく周辺環境との親和性を高めています。夕方になると明るい中の展示場の様子が見えます。底面が緩やかにカーブしたボックス梁を12mのスパンに架け渡して、レース状の耐震壁を使って圧迫感のない建物にしました。玄関を入ると広い展示場があります。実験棟のひとつですが、実物大の住宅を中に入れて、加力実験ができる建物です。柱と梁の構成は、群馬の林業機械化センターと考え方は同じです。木と木を直接組み合わせる構法で施工しました。これにこだわっている元は、内田祥哉先生で、かねてから「木と木を剪断ボルトで繋ぐことは、豆腐に針金を通して吊り上げようとすることに似ている。」と言われていました。「豆腐はすぐに崩れて針金だけが残るでしょう。」と。細い丈夫な鋼材が柔らかい木材に当たると、剪断力で木が局部的に破損してしまう。そういう接合は伝統的な日本の木造建築にはないとかねてからおしゃっていました。木栓のように硬さの近い木材同士を繋いでいくとそんなことが起きない。いろいろな樹種が使われる日本の建築はそういうふうにで

ボルトのないスッキリとしたトラスの木組み

普遍性のあるシンプルな木組みの実験棟

展示棟内部／大きな梁架構と格子耐力壁

林業試験センター　実験棟
右上・右写真＝小川泰祐

きている。ヨーロッパやアメリカの建築は木材を堅い鋼の軸材とみなして繋いでいくから、ああいう接合になる。日本の接合は、木が柔らかく、めり込みがあるので、そういう木の特質を活かした接合でないと日本の木造建築とは言えないと、何度も言われていました。

そういう意味で、私達は剪断ボルトを使わない木造建築に挑戦してきました。というのが流れです。坂本研、内田研の成果を活用しながらやってきました。実験棟の上のトラスです。これもボルトを使っていません。木と木を組み合わせているだけなので、すごくスッキリ見えます。最初にモデル木造の例でお見せしたボルトで繋いだ集成材のことを思い出してもらいながら、これを見てもらうと、日本建築の接合部はすっきりしていて、接合部分の内部は複雑な継手・仕口になっているけれど、外からはスッキリ見えます。

ここまでくると、きちんとした木造建築をつくるために、きちんとした大工が参加できるようになるのではないかと思います。

2-3　五重塔

内田祥哉先生が最近出版された『日本の伝統建築の構法　柔軟性と寿命』に私達が関わった仕事が紹介されています。氷見の網元の敷地の中につくられた五重塔です。高さは12mくらいでたいへん小振りですが、庭にあるとさすがに大きく見えます。もともと砺波の白井宏さんという堂宮大工が相談にのっていました。確認申請をどうするかということになって、氷見の市役所から県庁に相談があり、県庁から本格的な五重塔を新築で出来るかという相談がありました。私はこれまでの経緯から可能性が高いと思い、伝統的な木構造の接合部の研究開発を進めている東大の坂本功先生に電話で相談したところ、可能性がありますと言われました。それで、施主に会いに行って、時間とお金があればちゃんと出来ます。このプロジェクトは日本の木造建築に大いに貢

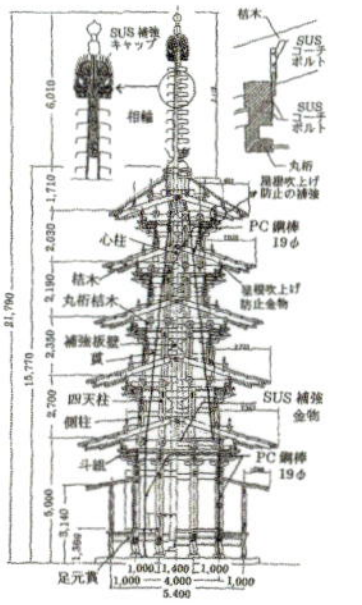

永明院五重塔

伝統社寺建築を真正面から堂々と最初に突破したのは、2000年の10月、永明院五重塔であろうと思います。これは富山県の氷見市というところにあります。氷見の網元（水産業経営者）が、事故で亡くなったご長男を悼んで、墓所に五重塔を造ろうということになったと聞いています。それをアルセッド*が引き受けて、38条を通そうではないかと企画したのです。このころになると、それができる時代になってきたわけです。そして花里*さんと稲山*君が組んで、構造計算の裏付けをして、38条に出したのです。

ややこしい伝統的社寺建築の構造が38条の表舞台に乗ったということで、記念すべきものだと思います。材料は昔のとおり、強風に対する転倒防止の補強金物以外に特別に金物を使ったりはしていないと思います。

図4-17はその立面図と断面図・平面図です。心柱が浮いてるのは当然で、心柱が周りとくっついてますと、心柱の縮みよりも周りの組物が縮むほうが激しいですからがたがたになってしまう。心柱を浮かしておくのは、どこの塔でも同じです。

図4-16　永明院五重塔

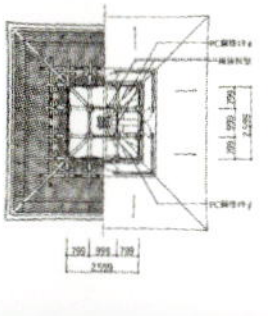

*アルセッド建築研究所　所長／三井所清典（芝浦工業大学名誉教授）
*花里利一　三重大学大学院工学研究科建築学専攻教授／1956年生
*稲山正弘　木質構造家／東京大学大学院准教授／1958年生

『日本の伝統建築の構法　柔軟性と寿命』内田祥哉著より

献することになるのでぜひやらせてほしいとお願いしました。時間はいいけど、金はないと言われ、どうやって設計するかを考えることにして、引き受けることにしました。坂本功先生と稲山正弘先生の指導のもと、大成建設の花里利一（現・三重大学教授）さんを中心とする技術陣に協力をお願いすることで実現しました。

38条申請で通したので先駆的事例として内田祥哉先生も取り上げてくださいました。断面図に2本のステンレス鋼棒がありますが、実際には4本の鋼棒を使っています。これは東西南北どちらからも風が吹いてくる可能性があるからです。２００年に一度の強風が吹いても倒れないような五重の塔にしないと38条は通らないと坂本先生から言われて、ステンレスの鋼棒で引っ張ることにしました。木造の塔自身は５００年もつとすると、鋼棒が５００年もつかどうか分からないもんですから、鋼棒の取り換えを想定して最上階の屋根を一部外して、上に抜けるようにしています。エピソードですが、五重塔は鋼棒が入っていなくても、たくさん建っているじゃないかと坂本先生に聞きますと、２００年に一度の強い風が吹いていないから建っているだけで、そういう強風にあったところはみんな倒れて残っていませんと言われて、風に対する補強はしなければいけないと覚悟しました。地元の宮大工・白井棟梁の技術によってつくられた伝統木造の新しい建築の事例です。

2-4　東京都立晴海総合高等学校における二間続きの和室と茶室

晴海の高等学校の中に、二間続きの大広間と立派な琵琶床もついた床の間のある部屋をつくりました。次の間の板の間では踊りの練習もできる三間続きのお座敷です。大工さんに本格的な作業をしてもらった空間です。コンクリートの壁に廻縁や長押を付けてビニールクロスを貼ったような空間とは全く違う雰囲気になりました。独立した木造の架構で出来ています。そこでは気持

二間続きの大広間での琴の演奏の練習

立礼の席／本格的な数寄屋大工と左官職人による

東京都立晴海総合高等学校・1998年

上・左写真2点＝三輪晃久写真事務所

ち良くクラブ活動や授業が行われています。マンションにしか住んだことがない東京の子供達がここでお琴や三味線や踊りの勉強をしています。日本文化の勉強です。こういう本格的な空間の中での文化体験は気持ちの良いものです。お茶室もあります。茶道部の部員が多いと4畳半では練習ができないので、少し大きめの10畳にしました。立礼の練習もできるように土間もあります。先ほどの広間の大工とは違って、数寄屋大工に工事してもらいました。富山では民家をつくる大工と堂宮大工の違いを学生達と幾度も合宿しながら学んできました。数寄屋大工と書院をつくる大工にもやはり違いはあります。日本建築はいろいろなタイプや様式があって、それをきちんと意識してつくれるようにならなければいけない。さらにそれを応用して現代建築をつくるデザインの展開はありだと思いますが、基本ができていなくてはいけないと思います。

3　木造公共建築物の整備に係わる設計段階からの技術支援事業

3-1　なぜ今、木造建築・木材利用なのか

いまなぜ木造建築なのかということがあります。平成22年5月に公布され、10月に施行された「公共建築物等における木材の利用の促進に関する法律」があって、公共建築の平屋、2階、3階くらいまでは、原則木造にすべしという趣旨の法律ができました。林業の活性化と環境をいかに守るかということで、炭酸ガスを吸収する森林の活性化から、環境に寄与するために法律をつくろうとする民主党と林業と連携する地域の経済の活性化のために法律化を図っていた自民党は、別々に法律を考えていたのですが、林野庁が努力してそれをひとつにまとめてこの法律ができました。衆議院も参議院も反対者が一人もいない状態で法律が出来ました。そういう経緯で平成22年にこの法律ができていますが、法律ができたからといってすぐにそのようになるかというと、

なぜ今、木造建築・木材利用なのか

- ■CO2発生抑制による地球の気候変動防止
- ■林業と連携する建設業は循環型社会の形成に貢献
- ■地場産業の振興は地域の活性化に寄与
- ■日常での木製家具の木質バイオマス等の利用促進

公共建築物等における木材の利用の促進に関する法律
（平成22年５月公布・10月施行）

日田・上津江／輪掛け天然乾燥
写真＝『チルチンびと』 撮影＝垂見孔士

実はなりません。木造建築を昭和34年に一度中止して、内田祥哉先生が50年代の後半から研究を始めて、少しずつできるようにしているんですが、実務で木造ができる人はまだごく一部でしかないわけです。全国の行政は木造建築の発注経験もないわけですし、多くの設計者は設計経験がないし、多くのゼネコンは工事を請け負った経験がない。品質管理や工程管理あるいは工事費の管理も、鉄筋コンクリートや鉄骨の建築と違ってどうしていいか分からないという状況です。そんな状況で、公共建築の木造化はなかなか進みません。そういう皆さんが、慣れた鉄筋コンクリートや鉄骨でつくりたがる傾向は否めません。

3-2 大分県上津江村の森林組合 輪掛け乾燥

林業の方では、ひとつのモデルではないかと思いますが、大分県日田市の奥の方にある上津江村の森林組合で、輪掛け乾燥（71頁写真）といって玉切りした丸太を風通しの良い所で、6段の井桁に積み重ねて1年間天然乾燥させます。伐採した瞬間は150％以上の含水率があります。上津江村の森林組合と北九州から山口県あたりで工事をしている工務店は、年間の契約を結んで林業の安定化にも協力しています。林業と工務店が組んでいくと安心して山側が仕事ができます。この森林組合はすごく優秀で製材工場を持っています。ですから、含水率を25％まで下げて粗挽きした木材を里に下ろすことができます。森林組合に六次産業化が進んでいるモデル的なところです。

3-3 木造支援活動

福島県の会津坂下町で幼稚園を統合して木造園舎にしようというプロポーザルの審査委員長を引き受けました。一等が決まった頃に、林野庁が一般社団法人「木を活かす建築推進協議会」に

みんなで床磨こうワークショップ。園児達が糠袋で木部を磨く

木造の幼稚園／会津坂下町　統合幼稚園・2013年

託して木造支援の活動を始めました。発注側や設計者を支援したり、工務店や流通側を支援する。委員会の専門家が現地に行って相談にのります。ここで構造設計の相談に応えているのは当時、東京大学の稲山先生です。今は東大の農学部の教授ですが、木構造を教えています。稲山さんが木構造について、剪断ボルトをあまり使わないような方法も含めて指導してくれました。福島の小さな設計事務所が8社ジョイントベンチャーを組んで、木造建築に一生懸命取り組みました。ワークショップできちんと意見を聞きながら実現したいと、プロポーザルの段階から強く主張していましたので、8社の人が同時に木造の勉強ができました。

東京大学名誉教授の安岡正人先生が音の問題について指導してくれました。材料の調達について設計段階で関係者が一堂に会して話をしました（下写真）。工事が始まってから木材の調達の話をしても間に合わないということを理解します。設計が進んでいる間に木材の入手の方法を考え、話し合うことが勉強会のなかで行われ、結果は上手くいきました。竣工した2013年初夏の園児達のワークショップ（右頁写真）です。お母さんがぬか袋をつくってくれて、園児達が床を磨いています。日曜日に子どもに床を磨かせることを発想したのがJVの設計者集団です。木でつくったんだから、こういうことをしたら木造建築を大切にする気持ちになりますと提案し、町役場も幼稚園側も大賛成し、木を磨く園児の作業はその後もずっと続いています。床や手の届く所までは柱も磨いています。木造に変わった途端に鉄筋コンクリートの校舎ではできなかったような教育が行われています。

そういうことが同じ建築であっても木造の質は全然違うということを理解してもらえると思います。よく言われますが、RCの校舎よりも先生方のストレスが弱くなります。先生のストレスが弱いと幼児・児童・生徒達のストレスが下がります。和やかな授業ができます。湿度が過乾燥にならないので、インフルエンザで学校閉鎖になることがほとんどないと木造校舎ではいわれま

地域材調達方法関する設計支援活動

音響設計の設計支援活動

構造設計の設計支援活動

す。発注者に対する木造支援では、なぜ木造建築にするのかをいまのような話を含めて木造の良さを伝えます。そうすると議会でもそういう話が伝わり、うまく木造を進めることができます。そういう支援をしているのです。

3-4 木造支援の対象・課題

平成22年5月に公布され、10月から施行された木造化・木質化を推進する法律に関して、23年度からその支援事業が始まって、今年平成30年度も第1回の支援議会が開催されました。発注者、設計者、工事者、木材供給者への支援です。発注者には、木造建築の特質や予算はどう組んだらいいかとか、設計を発注した後の監理はどうしたらいいか、工事の発注管理、木材の調達方法、維持管理、地域の経済の活性化にはどうつながるのか、地元職人の参加の可能性について理解してもらうなどを支援し、そういうことならやろうという話に繋げることが目標です。設計者には、構造設計、防火・耐火の対策について、木材の材質と品質管理、耐久性、防虫・防蟻・防腐対策、維持管理、木材の調達・地域材の調達、工事管理についてなどを支援します。

工事者支援では木材の調達をどうするかが重要な課題ですが、地域材を使う場合は、発注者の方が先に調達の準備をしておくことが必要です。準備の内容は材料支給などいろいろあります。それとプレカット工場の加工技術、いろいろなプレカットの技術がありますので、その地域で使えるプレカット工場の技術を調べておかなければいけません。また、木材の品質管理、工程管理、コスト管理の木造独特の課題があり、地域の技能者をどうのように使っていくかについても支援しています。

地域産材活用の支援・分離発注の検討

3-5 地域の関連異業種の連携

この4者の関係をそれぞれ理解してもらわなければいけませんが、相互の関係、特に地域固有の具体的課題について一緒に話し合う機会をつくらなければいけないと強く思っています。それぞれの課題を、こんなことが分かっていないとか、お互いに理解できれば相手を尊重することもできます。地域材を使うとするとかなり大量の地域材を集中的に一つの建物にもっていかないと材料が足りなくなる。材料が足りなくなると別の地域から調達しなければいけない。そういうことを理解していく必要があります。

地域材を活用して木造建築をつくるためには、どの山にどういう木が生えているのかも知っておかなければならない。設計段階では山にある木を買うことを前提に設計をします。ですから、調査をしないで太い材や長い材を設計にいれてしまうと山になく後で困ってしまうこともあります。断面はこれくらい、長さはこれくらいが限度、標準的にはこのくらいのものを使って、たまに6mくらいの長物を使うというような、使用可能な材を調達できるよう山を見て調べておかないといけない。これまで外材を使っている時には、そういうことを全然意識しないで済みました。木であればなんでもいいので、市場に行けばたくさんの外材がありますから。外材で木造建築をつくるというのと、地域材を活用して木造建築をつくるというのは全然仕組みが違います。そこをよく理解しなければいけません。

プレカット工場も単純な部材や接合部の加工だけができる工場や、三次元の斜めに接合するようなものも加工できる工場とか、いろいろなレベルのプレカット機械を備える工場があります。高度な加工のできる機械が入っていない地域もあるので、どのような加工ができるかは、地域の力を意識しながら設計する必要があります。木造建築の設計者は、いろいろな壁にぶつかっても突破してやっていこうと思う人でないと、今の段階ではできません。そういう面からいうと、R

● 設計者支援

- 木構造の計画・設計
- 防耐火の計画・設計
- 木材の材質と品質管理
- 木造の耐久設計
- 木造の防虫・防蟻・防腐対策
- 木造の維持管理計画
- 木材の調達・地域材の調達
- 流通材と非流通材
- 工事監理（第三者工事監理は当分課題が多い）

● 発注者支援

- 木造建築の特質
- 予算化
- 設計発注・管理
- 工事発注・管理
- 木材調達
- 維持管理
- 地域経済活性化
- 地元職人の参加可能性

■ 関連主体への支援

木造公共建築物の推進にあたり、発注者・設計者・木材供給者・施工者等の連携を前提としながら、各主体への技術的な支援を行う

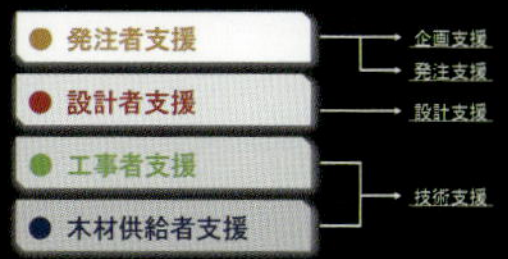

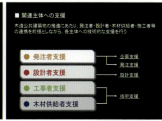

Cや鉄骨は一般競争入札が行われますが、木造に関しては一般競争入札は今の状態では適切ではありません。プロポーザル方式で勉強する意識の高い人を選ぶことが好ましく、お金の安さだけで決めることは適切でない。随意契約でもいいと思わなければいけない時代です。地域の社会資本を考えて、うまく活用しながら建築としてまとめていくということを考えることになりますが、職人や工務店も社会資本の一つと考えます。森林ももちろんそうですし、工場もそうです。地域の社会資本を十分スタディして設計しなければいけません。いかに地域社会に貢献するかを考えて施設づくりをすることが重要です。地域社会に貢献する木造建築をいかにしてつくるかということが重要になります。どんな社会環境を目指すのか、教育、福祉、防災、消費環境を意識して施設をつくることが大切です。機能をもった施設ができればいいと単純に考えてしまうと木造建築はなかなかうまくいきません。

　最近埼玉県では、つくり手側のみなさんが一緒に勉強するという学習環境づくりを始めました。関係者は設計事務所、林業者、製材業者、工務店、建材メーカー、さらに行政書士、金融機関も一緒に学習するという考えです。地元の金融機関がなぜ、どんな融資をしてくれるかということも重要です。地元の工務店はもともと資本力が弱いですから、建物完成するまで発注者がお金を払わないと経済的には耐えられない。だから融資を受けやすい環境が必要です。融資を受ける人がいろいろな資力や担保になるようなものを持っているわけではないので、地域でつくる時には地銀や信用金庫と地域の人がある信頼関係をつくっていかなければいけない。だから、連係の発想が求められていきます。

　もう一つ、匠達の関連は大工から始まっていろいろな職種の職人達がいます。一緒に仕事づくりを勉強して地域のなかで育くんでいくと、「生業（なりわい）の生態系」が生まれます。セットとして地域の中でどう生きていくか一緒に考える。ある職種に抜けられてしまうと困っちゃうよね

木造化のための基礎的情報の整理と共有化

1. 計画建物概要　・・・規模・工程
2. 木材調達体制の確認　・・・具体的な仕組み
3. 森林情報　・・・使用材の整理
4. 製材所の供給能力　・・・生産・乾燥・保管能力
5. プレカット工場の能力　・・・加工の量・加工の質
6. その他　・・・価格、検査、在庫、納期

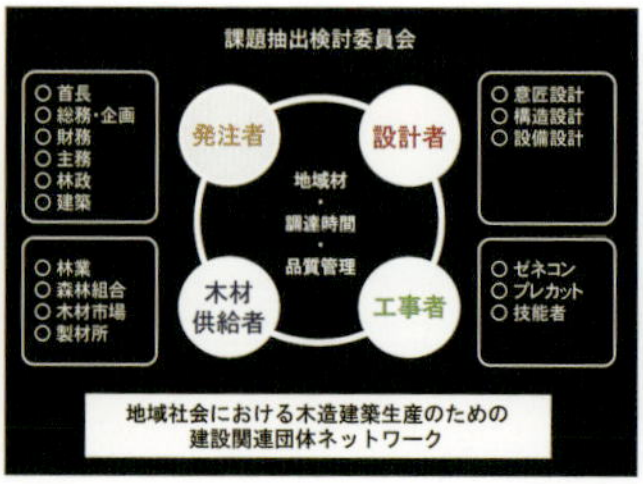

● 工事者支援　●木材供給者支援

- 木材の調達
- 木材の品質管理
- プレカット工場の加工技術
- 工事工程計画のたて方
- 地域の建築技能者の採用

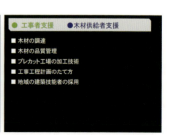

というようなこともお互いが理解しあう。発注者も工事者も利用者も、お互いに生業の生態系とその保全を理解しなければいけません。

左官の久住章さんが、お父さんの跡を継ぐお祝いに鏝をあげると言われた時に、それを断ったという話を聞いたことがあります。自分が親父から鏝を貰うと鍛冶屋が鏝をつくる機会がひとつ減る。鍛冶屋も仕事をしなければいけないので、自分は自分の鏝を頼みますと言ったという話です。これは縦の関係の「生業の生態系」です。輪島の塗り師に聞いた話ですが、大事な筆をつくる職人がいなくなって困っているそうです。やはり、塗り師も縦の関係で生業の生態系があるのです。今までは日本をはじめ世界の現代の工業技術は新しくて、合理的でいいものが正しくて、古くて効率の悪いものは間違いだということで合理化を進めてきました。自動車などはそれでもいいかもしれませんが、建築は本来100年単位で長持ちするものです。長持ちするもののつくり方には生態系のような技術の繋がりがないといけない。その繋がりを維持しながら発展していくことが求められます。どこかが欠けていくような発展は維持管理も含めて、できなくなるものがでてきます。匠達が多くなったり少なくなったりことはあるとしても、なくなってしまうのは困ります。

私が大学院の学生の頃に計量経済学の先生の書斎を改修したことがあります。その書斎で私は「住宅金融公庫のローンを返し終わったら、またローンを借りて新しく住宅をつくらなければいけないような寿命の短い住宅をつくるのは間違いだと思う。」と言ったら、「三井所君、それは間違いだ、日本は何度もそのようなことを繰り返して、次第に経済が発展するんだ。」と言われたことがあります。その時は日本の経済の発展のためにはしょうがないかなと思ったりしました。もうひとつは、建設省の課長さんに「プレハブ住宅の応援をやっているのに、在来軸組はどうして応援しないんですか。」と聞いたことがあります。「ものすごい量の住宅をつくらなければいけない

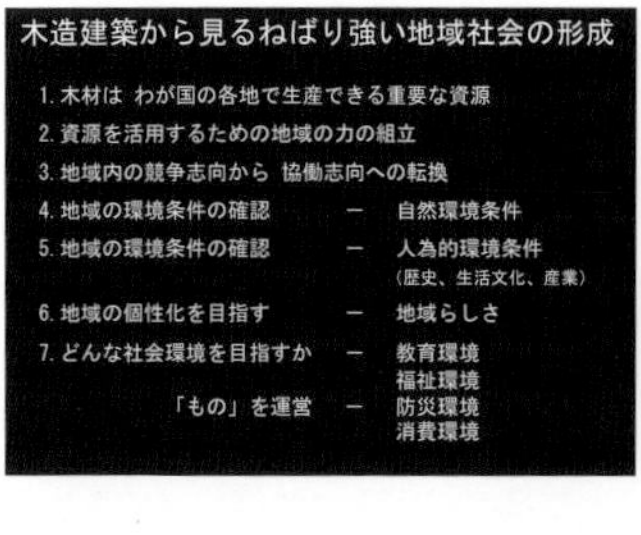

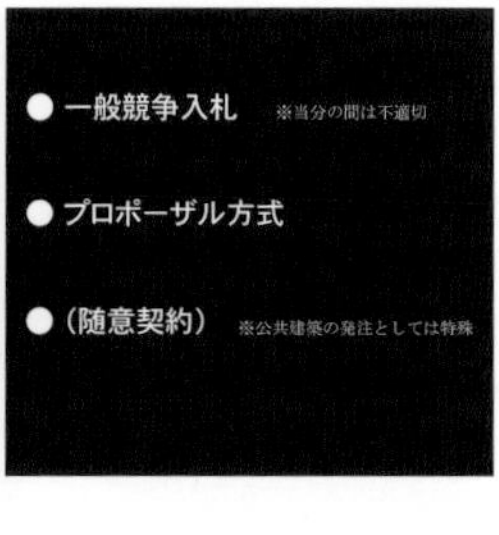

時に、あんな文化財みたいなものを応援してもしょうがないだろう。」と言われました。今は当時とは時代がすっかり変わったんですね。その当時はそれが正しい理屈だったかもしれませんが。今は住宅が余り、空家も多く、大工や手仕事職人の仕事が足りなくて困っているという状況認識の中、木造の在来軸組構法の住宅を支援し、その評判を上げる必要があります。

住宅ではプレハブ住宅も2割~3割くらいのシェアは必要でしょう。また6割くらいは地元の力でつくっています。今の時代にどうしたらいいかを改めて考えると、国交省は軸組にも大いに応援する姿勢をもっています。伝統的軸組の住まいの文化性にも理解が深まっています。それをもっと深めて国民のなかに広めてもらわなくてはいけないと思っています。私達設計者や工事に携わっている人々がもっと声を出していくことが重要です。とくにインバウンドの人達が日本の良いところだと言って行くのは、かつては無視されていたようなところ、自然と融合している住まいや集落や寺院などに、あれが本当の日本の価値なんだということを我々自身が気付き始めたわけです。そういうことを気がついた時に、つくり手側の連携を強める必要がある。つくり手は住まいのお医者さんだと思えば、内科、外科、産婦人科などいろんなお医者さんがいて町が成立しているのと同じように、住宅やその他の建築を考える時にいろいろな職種の人達がつくり手や直し手としてお医者さんのようにきちんと町の中にいることが重要です。社会の構造の仕組みとして存在していることをみんなが認識しなければいけないと思います。そのためにはどうするかというと、仕事をつくることです。職人の教育をいくらやっても、仕事がなければだめなんです。だから仕事をつくることなんですね。住宅の設計者は各種の匠・職人達に仕事をやってもらうような図面を描かなければいけない。全部合理的な現代的な仕様にしてしまうのではなくて、1割か2割はそういう人達の仕事となるようにしようと思うだけで、ほとんど同じ予算で出来るし、こういう人達が生きていくことができます。公共建築など住宅以外の場合も、そういうことを声

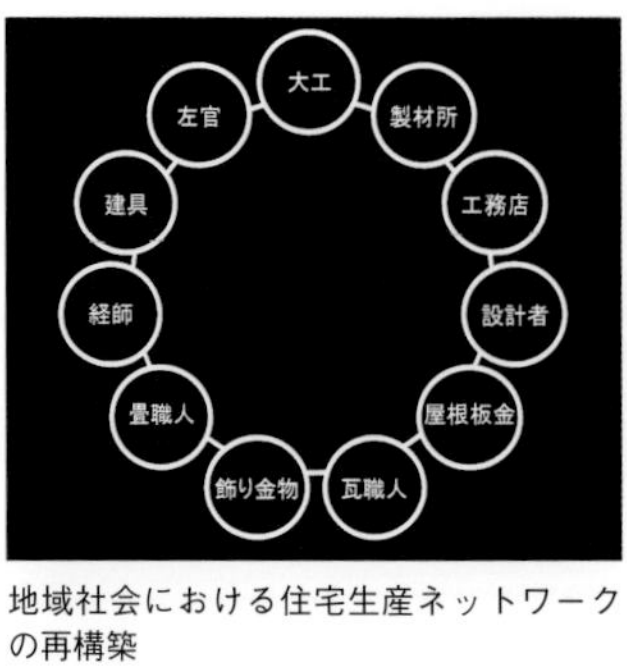

地域社会における住宅生産ネットワークの再構築

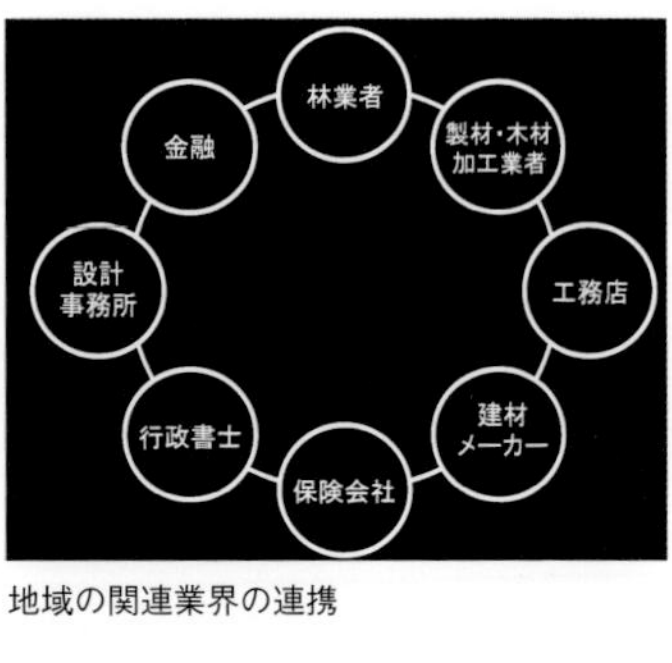

地域の関連業界の連携

を大きくして訴え、議員さんは議会で発言し、それに町長や市長、知事が呼応し、担当の人達もそういうことならやろうとなっていくようにしなければいけない。地元の人が部分的にも参加できるように地元の技術を行使できるような仕様を図面の中に必ず入れるということをやっていけば、仕事は自然に生まれます。匠の技術教育も必要でしょうが、その方が速い。仕事があれば弟子もとれるし、訓練もできます。このようなことが、今日お話ししたいと思った重要なところです。

4 国の対策、設計・工事業者環境整備のための国の主な動き

4-1 国交省、文科省における設計・工事環境整備

平成22年に公共建築物の木造化・木質化を推進する法律ができる前の2月をに閣議を通ったんですね。閣議を通った時に私は初めて知って、坂本功先生に「この件は全くなにも知らなかったが、どういう経緯でできたか教えてください」と尋ねましたが、「私も全然知らなかった。」と。あの法律は林野庁がつくったのですね。国交省の官庁営繕部も急ぎ内部で木造塾をつくり、木造の勉強を始めるということで、私もアルセッドでやってきた木造について話をしました。さすがに官庁営繕は整備の方法など検討しながら、既存のあらゆる木造建築に関して仕様書をまとめていきます。文科省は、平成27年に「木造校舎の構造設計標準 JIS A 3301」を改正しますが、これは昭和31年にできていた法律を現代版に改正したものです。国交省官庁営繕部では木造建築をつくる時に、配慮していないと想定外のトラブルになる失敗事例集を出して注意を喚起しました。防火の話もまとめて、設計をしやすい環境が役所側で整えられてきています。今、木造建築の夜明けで、まだ太陽が上がりきっていないくらいの状況です。

公共建築物等における木材利用に関する法律
制定(平成25年5月公布・10月施行)後の
国の設計・工事環境整備のための国の主な動き

- 平成23年10月　国土交通省官庁営繕部
「木造計画・設計標準」
- 平成25年 3月　国土交通省官庁営繕部
「官庁施設における木造耐火建築物の整備指針」
- 平成25年 6月　国土交通省官庁営繕部
「公共建築木造工事標準仕様書」
- 平成27年 3月　文部科学省
「木造校舎の構造設計標準 JIS A3301」改正
- 平成27年 5月　国土交通省官庁営繕部
「木造事務庁舎の合理的な設計における留意事項」
- 平成27年 6月　建築基準法改正
「木造３階建ての学校等の耐火性能に関する規制緩和」
- 平成23年度～継続中　林野庁（木活協）
「木造公共建築物の整備に係る設計段階からの技術支援事業」

国土省・文科省・林野庁の木造建築関連図書整備

4-2　新国立競技場の木材屋根提案

余談ですが、新国立競技場のザハさんの案が流れて、新しい案が公募される前に建築士連合会の木造部会で木造の屋根をつくることが可能だと検討し、アイデアをまとめて遠藤敏明オリンピック・パラリンピック担当大臣にお会いして、話を伝えました。例えば、パースがありますが、屋根が全部木造で出来ています。全国にある比較的簡単なプレカット工場で部材をカットして現場に持って来ると、簡単に組み立てられて早く出来ます。公共建築の木造化のシンボルになり、環境問題にもいいと説明しました。最期に新国立競技場の公募条件に木造を禁止するという内容にはしないでくださいとお願いしたのです。翌日に記者発表をして、翌々日には大手5社を廻りました。副社長や設計担当の取締役の人達が会ってくれました。大臣にこういう話をしてきたので、もし参加されるのであれば一度は木造の屋根を検討のテーブルに乗せてくださいとお願いしました。隈研吾さんと大成建設との案で工事が進んでいますが、出来上がると見かけ上は木造の屋根みたいに見えるかもしれません。構造に詳しい方以外は本当に木造の屋根が出来たんではないかと思ってしまうかもしれません。鉄骨が基本的な力を負担しながら、一部の力を木が担う案ですが、出来上がるのが楽しみです。こういうものがシンボルとして出来ると、木造がさらに進むと思います。

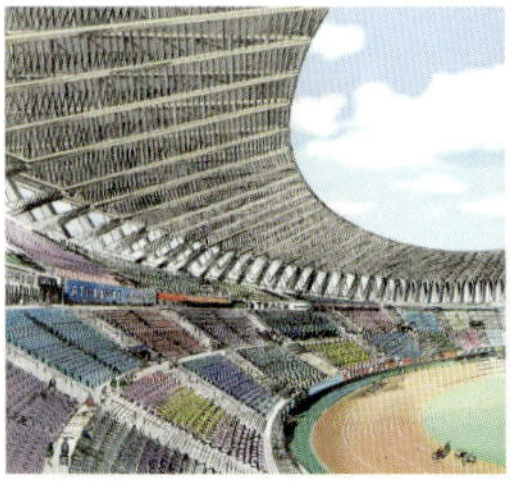

新国立競技場　観客席上部の木造屋根の提案

中央が遠藤敏明オリンピック・パラリンピック担当大臣

第3章

匠の技術を活かすこれからの建築

はじめに

今回は「生業（なりわい）の生態系の保全」ということを強く意識して話をします。工学の中で古い技術を建築ほど大切にしている分野は無いと思います。ほかの工業の分野では新しい技術が正しくて、古い技術は捨てていきます。建築も一時そういう時期があったと思われますが、今は古い建築や伝統的な技術を大切にしようという気分が高まっています。しかし振り返って、日本建築の歴史を学んだ学生時代にはその知識を現代の建築デザインに活かそうとは全く思いませんでした。その知識を教養として身に付けるだけでした。これからは日本のさまざまな歴史的建築をきちんと学んで、それを現代の建築、未来の建築に活かしていかなければいけないと思っています。そのためには日本建築学を体系化して教え、学ばなければならないと思っています。ちょっと回りを見まわしてみると、美術にしても、音楽にしても、文学にしても、芸術の分野では日本の伝統を大切にしています。よその国のものと区別して現代に活かしています。大学教育もそこをきちんと行っています。残念ながら、建築はそうではない。明治の初めの建築教育のスタートのところから大学教育は西洋建築学を教え、学んできました。今の我々が苦しみ、悩むのもそこに起因すると思っています。

今日はまず現代建築の中に伝統の匠達の技術や材料が使われ始めている事例を元気を出すために紹介します。これまで2回の話を聞かれた方からたいへん貴重なご指摘も受けております。もともと私は学者というよりも実践をする立場であり、加えてなにごともまとめを綺麗にすることが不得意なので、「生業の生態系の保全」を論理的にお話しすることは今回も難しいと思っています。現在の状況の中では生業の生態系を社会のシステムとすることが大切で、なんとかしてその認識を実現できる方向にもっていこうとする運動家としてお話ししたいと思います。いろいろ

アプローチ

左上写真／エントランス
左下写真／2階商店街

格子状のデザインの東京ミッドタウン

な忠告やご意見をあとでたっぷりいただきたいと思っています。

1　新しい潮流「クールジャパン」建築設計におけるジャパニーズ・テイスト

1-1　東京ミッドタウンのデザインと六本木ヒルズのデザインの比較

「クールジャパン」という言葉がテレビでもさまざまなところで語られています。とくに外国の人が日本の和のテイストについて素晴らしいということを表現する時に、クールジャパンという言葉を使います。今では経産省の公用語にもなっています。テレビの中のうわついた言葉ではないと理解していただきたい。和のテイストがどういうところに現われているかといいますと、最も現代的な都心の再開発やリニューアルの中に現われています。東京ミッドタウンの超高層の上部です。格子状の意匠がとても日本的だと思います。漠然と見ていると、超高層ビルのカーテンウォールですから、これを日本的だと思う人はあまりいません。ところがたいへん日本的です。六本木ヒルズと比べると全然違います。縦格子、横格子を使ってきた日本人のセンスでデザインされたものです。アプローチもごく自然に入って行けて気持ちが良いと思っている方が多いと思います。よく見ると、楓とか笹や竹など日本の庭や自然に生えているような植物が使われています。こういう現代建築のアプローチは今までありませんでした。そういう意味では革命的なんですが、日本人は当たり前だと思っているので殆ど違いに気がつかない。総合受付の後の壁にも格子を使っています。現代書がアートとして飾られていますが、これも極めて日本的です。日本人は日本的だと感じることはなくただ気持ち良く通り過ぎますが、外国人には日本的空間という感じがすると思います。日本らしいデザインの特徴は何かということをきちんと認識し

エントランス

アプローチ

兜をデザインした六本木ヒルズ

ていないので、ただ快適だと思うだけです。日本建築的として理解するために、基本的な教育が必要です。こういうことが自然にできるかというと、それがなかなかできない。２階の商店街の一角の店舗を見ると、行灯が使われています。廊下の明りとして、われわれは明りがついているくらいにしか思わないけれども、これを行灯と認識した途端に日本的だと分かります。ブルーと透明の市松模様は、とても有名な建築に使われているパターンです。その建築とは京都の桂離宮の松琴亭です。床の間の壁から襖にかけて連続してこの市松模様が続いています。そういうことを知っていてデザインする、つまり日本のデザインをきちんと理解していると、快適なものができます。

六本木ヒルズのビルの頂部は、日本の兜をイメージしてデザインした、というふうに何かで読んだことがありますが、私には日本の兜というよりは鉄仮面などで見る西洋の兜のような気がしました。デザイナーがイギリスの人かな。兜という時に自分の馴染んだ兜に近づくデザインになってしまったと思います。日本の兜はこういうところが特徴だと話をすると、日本の兜をイメージするデザインができると思いますが、結果が少し悪いですね。きちんと日本のことを教えればいいデザインができると思います。日本の建築家の槇文彦さんが兜をイメージしたと秋葉台の体育館で言っていました。槇さんの建築にはものすごく日本的要素が入っています。黒部市にＹＫＫの迎賓館があります。そこに何度も学生達と泊ったことがあります。その時にこの中で槇さんがデザインしたもので日本的だと思うものを探して発表するゲームをしましたら、20人ちかい学生が館内を探して回るんですが、たくさん発見しました。槇さんの建築に日本的要素がたくさん入っていることを学生達もよく理解しました。

話を六本木ヒルズに戻しますが、アプローチはさっきのミッドタウンとは全然違います。コンセプトが違うので当然違うデザインになります。私は蜘蛛があまり好きではなく、巨大な蜘蛛

コレドガイドマップ

熙代勝絵巻（三井越後屋前）

熙代勝絵巻（日本橋）

のようなオブジェが置かれているので、あれがすでに日本的ではないと思っています。総合受付のカウンターにも日本的な要素はありません。

1-2　日本橋室町コレドのタウンデザイン

三井不動産が開発した東京ミッドタウンは全体に日本的要素が入っています。次は日本橋室町の話です。三越の地下道に江戸時代の1805年（文化2）頃の日本橋から三越のあたりを描いた絵巻を和紙に写したものが飾ってあります。当時の日本橋も、三越も描かれています。20世紀の末頃にドイツで発見されたものです。これを三越が地下道に飾っています。いま室町の再開発はコレドという名前です。コアと江戸をくっつけて、江戸の核ということで、コレドとしているそうです。ここにも日本的な建築のデザイン要素がたくさん潜んでいます。日本橋から三越、重要文化財に指定されている三井本館、その廻りが開発されています。ここを見に行ったのは一昨年三重県の津で建具の全国大会があって、組子の建具をつくっている伝統的職人の作品がたくさん出品されていて総理大臣賞など決めますが、この3年その審査委員長を務めています。そこに三重県の鈴木英敬知事がおいでになりました。こういう立派な仕事をする伝統技能の職人がいるので、現代建築でも仕事をしてもらうといいんですが、ぜひそういう図面を描くよう指示を出してくださいとお願いをしたところ、「私やりましたよ。」とおっしゃいました。「どこですか。」と聞くと「日本橋室町です。三越の前に三重県のアンテナショップがあります。そこの照明は組子でできています。」

中通り（左：コレド室町1、右：コレド室町2

現在の三井本館と日本橋三越本店界隈

三重テラス内部。組子天井照明

福徳神社参道と三重テラス

と。すぐに見に行って撮った写真です。麻の葉の模様ですね。向うにも見えます、天井も日本的な雰囲気で出来ています。別の機会に建具の職人の講習会があって、この話をし終わった時に、あの照明器具は私達がつくりましたという職人がいまして、地域で分けてつくったそうです。北部と南部に分かれて共同でつくったと言っていました。仕様書の中にそういう指示があれば職人達はいろんなところで仕事ができると思います。表の中央通りから東に一本入った通りです。組子の要素の明りが歩道に置かれています。これは鋳物で出来ていました。行灯と提灯があります。たくさん日本的要素が使われていて驚きました。3階の壁に不思議なデザインが付いています。よく見ると、瓦の小口を並べた左官の仕事です。至る所に日本的な意匠が施されています。日本の小紋を要素にとして使ったデザインになっています。1階の寿司屋の壁には建具職人の手による繊細な組子の組合せの障子が使われています。日本橋コレドにはたくさんの職人の仕事があると思いました。暖簾、提灯、行灯、格子など、たくさんの日本的デザイン要素が現代建築に使われています。

1-3　最近のホテルにおける匠の技の活用

これは三井本館の隣の外資系ホテルです。日本だから日本らしいデザイン方針にすると、設計もさまざまな日本的表現となり、ゼネコンも理解して手配します。それらをつくれる職人はまだたくさんいます。仕事さえあれば、弟子を養成することになっていくと思います。三重県知事に言いましたよ

ショップフロントンの組子

コレド室町2の3階の壁に施された左官の意匠

マンダリンホテル外観

コレド室町中通りの夕景

うに、どこに行っても、市長さんや知事さんと会うと必ず公共建築の一部に地元の日本的な匠達の技術を入れるように設計者に指示してくださいとお願いしています。その時に、土木部長とか都市整備部長とか建築部長が横にいないとなかなか発注担当者まで伝わらないですね。多くの人が声を出して、いろいろな方々から伝わるような大きな運動になればいいと思います。皆さんにもお願いします。

　これはグランドプリンスホテル新高輪のロビーです。もともとは村野藤吾さんが設計したロビーがあったんですが、この改装されたロビーには組子がたくさん使われています。受付カウンターの上部にも組子が使われています。綺麗なデザインです。ここを訪れた外国人は受付のカウンターでまず日本に来たという強い印象をもつと思います。都会でもこういうことが味わえる場がこれからもどんどんつくられると思います。近づいて見ると立体的な組子になっています。現代に使う時に、もとのままでは満足しないのでデザイナーも工夫して変化させていきます。それは伝統がベースがあってデザインを進化させる、まさに和歌の本歌取りみたいです。現代的デザインとして使われています。デザイナーはこういうことに慣れてくると、誰でもできるようになります。日本的要素なら誰でも知っているし、感性的に合うのでやろうと思えばできます。

　この廊下の壁は左官の仕事です。リブのようになっているところも左官の技でできています。パレスサイドホテルの2階のレストランへの廊下の壁です。この左官は久住有生さんです。彼はいろんなことに挑戦しています。

立体的な造形の組子詳細

グランドプリンスホテル新高輪ロビー

同右

パレスホテルレストランへの廊下
久住有生氏による左官壁

両側の波を打ったような部分も左官です。兵庫県三田市にお菓子屋さん「パティシエ エス コヤマ」があります。小山ロールというお菓子で有名です。そこにいくつか分散して建物がつくられています。そのほとんどが久住有生さんの仕事です。女性用の公衆便所が1棟建っています。そこはお父さんの久住章さんの仕事です。これも一度ご覧になると、現代の左官が新しい試みとしてどのようなことに挑戦をしているのか理解できます。現代建築に活かせるものがたくさんあります。これは同じくパレスホテルの2階ですが、挟土秀平さんの仕事です。挟土秀平さんは公益社団法人日本左官会議のリーダーです。久住章さんと人気を分けているような人で、アメリカなど外国でも仕事をしています。みなさんがご存じのものとしては、「眞田丸」というＮＨＫの大河ドラマでタイトルに眞田丸という文字を左官が描く描写が出てきましたが、あれは挟土秀平さんが鏝を使って書いている字です。このように現代建築の中に匠の仕事が使われています。かつて三井不動産の北原専務さんと話す機会があって、「ミッドタウンは日本的なデザイン要素を使って、それで成功したから室町でも続けてやっていると私は多くの人に話しているんですが、正しいでしょうか。」とお聞きしたら、「その通りです。」とおしゃってました。

こんなことが都心で起きているのを見るにつけ、古い日本的なものは世界的に通用しないから止めた方がいいと思わずに、堂々と日本的なデザインをやればいいと思います。これまで日本建築学というのはなかった。我々はそれをつくることができなかった。それがいいということを理解していなかったからです。日本建築学会というのは日本にある西洋建築学会で、日本という場所の名前がついているだけで、内容は西洋建築学会だということを２００８年学会のホールで講演*したことがあります。それを直すためにはすぐに日本建築学会をつくってください。さらに大学に日本建築学科をつくってくださいと話したことがあります。日本建築学科がないと日本建築は生まれないのではないかと心配していました。紹介したようなことがどんどん現実とし

パレスホテル。挟土秀平氏による左官壁

パレスホテル。久住有生氏による左官壁

* 縮退・成熟時代の建築再生ビジョン
「建築文化の衰退と再生」
２００８年４月２日
「建築士から見える未来」
三井所清典

て進んでいます。早くアカデミーの方が追い付かなければいけない。本当はアカデミーがリードしなければいけないのに、後を追うようなことになってます。

1-4　東京都立晴海総合高等学校における書院大工と数寄屋大工の仕事

前回も紹介しましたが、私達が設計した晴海にある高等学校です。この中で木造をやりました。二間続きの広間を書院大工につくってもらいました。こういう空間があって生徒達がお琴を習うことができます。マンションに住んでいる東京の高校生が学校に行くと広間があって日本文化を学べます。そういうものをわれわれがつくって若者が育つようにしていかないといけないと思います。壁に廻縁や柱を貼り付けて畳を敷いて和室ですと言っていたのでは本当の和室は分からないので、本当の和室を本当の職人につくってもらうことが重要です。小間をイメージした10畳のお茶室も整えました。クラブ活動で大勢が使うので、大きめにつくりました。これは数寄屋大工につくってもらいました。堂宮大工・民家大工・数寄屋大工・書院大工等、大工はさまざまな建物をつくることに関わるわけですが、それぞれ専門の大工がいることを理解する必要があります。立礼のお茶もできる土間も、本格的にお茶が学べるようきちんとした数寄屋大工につくってもらいました。現代建築の中に和の空間をつくることの大事さをお伝えしておきたいのです。

2　6省庁による『和の住まいのすすめ』の発行　平成25年10月

2-1　文化庁、農林水産省、林野庁、経済産業省、国土交通省、観光庁の連絡会議による

6省庁が一つになって、5年前に『和の住まいのすすめ』という本をまとめたことがあります。

『和の住まいのすすめ』和の住まい推進関係省庁連絡会議著

国交省が中心になっていましたが、気候風土や生活文化を大切にした地域型のいろいろな住宅を取り上げています。目次をみていくと、和の生活の仕方や季節に対応するような住まい方と併せてつくり方が分かるようになっています。これも大きなトレンドだと捉えることができます。分かりやすい本が出来ています。

2-2　町並み、玄関、土間、夏の居間、冬の居間、明り障子、畳の間　中間領域等に現われる匠の技

私は土庇が非常に大事だと思っています。土庇があるかないかで町の落ち着きがすごく変わります。暖簾があったり、行灯があったり、格子があったりします。ミッドタウンのあらゆる要素の元がこういうところにあることが分かります。連続していて雨宿りもできますし、お店の中をゆっくりうかがうこともできます。通り土間があって裏まで抜けている現代の住宅ですけれども、日本の住まい方をもう一度考えると、いろいろと便利なことに気づきます。昭和21年に15坪しかつくれない時代がありました。職人も材料も不足した時代ですから、材料も配給で買わなければいけないという時代が都会ではあって、自分の家も自由にはつくれませんでした。面積制限から土間も玄関もつくれませんでした。清家清先生の名作の自邸は、庭から直接居間に入りますが、黒い鉄平石の中に1枚だけ白い大理石があって、そこが玄関のシンボルだとおっしゃっていました。ましてや床の間などはつくれません。基本的な生活に必要なスペース以外はつくれない、厳しく貧しい時代でした。今は土間も含めて豊かに生活できる住まいをつくることができます。

この家は南入り玄関です(左頁写真)。我々が大学で住宅計画を学んだ時、南側をプライバシーの高い庭にして、玄関は別の面につくるという基本がありました。しかし同じ南側に玄関があると、住まい手の方とよく話ができます。広い玄関。深い軒で夏の日射しが入らないようにしてい

『和の住まいのすすめ』目次

下屋庇の続く町家の町並み
玄関から土間に入る。格子から光と風を取り入れる

深い軒の出による夏の日射遮蔽
写真＝積水ハウス

玄関で談話ができる土間
写真＝ミサワホーム

表玄関から裏庭に抜ける土間＊
撮影＝相原功

冬の暖かい日差しが室内に入る
写真＝積水ハウス

冬の暖かい日差しが障子に当たっている＊
撮影＝垂見孔士

初夏・夏／建具全開、内外一体の快適な季節＊　撮影＝相原功

洋間に続く三畳の雪見障子のある小間＊
撮影＝輿水進
91頁～93頁＊印写真＝『チルチンびと』（風土社）より

水俣のエコハウス
地窓障子戸を開け風通しを良くする
写真＝古川設計室

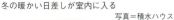

ます。こういう夏のことを考えた和の住まいは、省エネにもたいへん有効です。今は軒のないつるんとした壁で、窓が付いていて小庇もない建築がたくさんありますが、住みづらいですよね。省エネにもならない。日本には内と外を仕切らなくても生活ができる季節があります。そういう時季に中間領域と呼ばれる生活の空間を思い浮かべてほしいのです。『和の住まいのすすめ』の重要なポイントの一つです。冬の日射しは入ってくるけれど、障子をたてると日射しが柔らかくなる。日本的な空間でとても雰囲気がいい。日射しが中まで入ってきて暖かい、冬の日射しを楽しむ住まいです。

エコハウスとして熊本の建築士が考えた水俣の住宅（91頁・下写真）です。ここは寝室で、地窓を開けると網を張った格子の間から涼しい風が入ってきます。防犯性もあります。ここに布団を敷いて寝ますが、布団の上に風が入ってきて夜も涼しく過ごすことができます。既成サッシを使うとこんなことは難しいですが、ちょっと工夫すれば気候風土に合った住まいが出来ます。次は猫間障子です。小障子を開けたり閉めたりして生活を楽しめます。建具1枚でいろいろな場面が演出できます。考えてみると、すごい知恵がたくさん詰まっていますよね。畳の床で子供が寝ています。ごろごろ転がっていっても、お母さんは心配ない。はいはいする頃から一人で歩けるくらいになるまでの期間は、すごく重要な発育期だと思っています。全建女といって女性の建築士の全国大会が奈良でありました。介護を専門にしている人が講演に来て下さり、高齢者の面倒をみるのに畳がいいと言っていました。畳に低いベッドを置いたら、非常に介護がしやすいそうです。私は老人になるとベッドで床は板敷きと思い込んでいました。介護の専門家からそういうお話がでて、驚きながらなるほどと思いました。土間のテーブルに流しがあってテラスで食事をする雰囲気の建物ができています。天気のいい時には全部開放して、外で食べているような気分になり楽しめます。こういう中間的な領域を、中間的な気候で楽しめます。

庭に面する土間の食卓（建具を閉めて内部化も可能）＊
撮影＝岩為

畳と障子・猫間障子で庭の景色を楽しむ

2-3　気候と建築に現われる匠達の知恵

富山県の砺波平野に建つあずま建ちの民家（下写真）です。東に向いた綺麗な妻側の壁が見えます。後ろに杉の防風林があります。地元ではカイニョと言います。こちらは東側で正面です。西側の背面では三角形妻壁の部分は大壁になっています。カイニョで止めきれない強い風や雨の時に正面のように真壁ですと、雨水が隙間から入ってきます。大壁にして入らないようにします。富山の人も多くがこの三角形のところは東面同様真壁づくりになっていると思っている人が多い。カイニョがあるのであまり見えませんがよく見ると大壁です。新しい家で両方とも真壁になっている家もありますが、それは間違いです。表面的に理解したつもりでつくってしまうと、間違いが起きます。

日本海側で山形から秋田の方に向かっていくと、だんだん外壁の南京下見板張りがこのように上の方まで上がってきます（下写真）。これは冬に来て見てなるほど思ったんですが。雪が真横に流れるように西から東に吹き付けます。雨だってそうですよね、きっと。下の方が濡れる確率が高い一般的な地域では軒を出し、腰から下の1階部分を下板見張りにして、上を塗り壁にする家が多いのです。この地域では露出した塗り壁では耐えられない程の雨風と雪が強く吹き付けるのだとこれで分かります。

これは後藤治先生達と一緒に調査して伝統的建造物群保存地区に指定された南会津の前沢集落です。ここでは3ｍ近い雪が積もるのですが、雪の積もる高さと下見板張りの高さがだいたい同じですね。上の方は塗り壁に

南会津前沢集落・急勾配の屋根と豪雪から守る外壁

冬の季節風と豪雨・豪雪対策／板張りの大壁＊　撮影＝輿水進

砺波平野の民家／あずま建ちと北西の季節風に対する防風林

雨水の排水と換気のための屋根／瓦の表情が美しい＊　撮影＝三宅岳

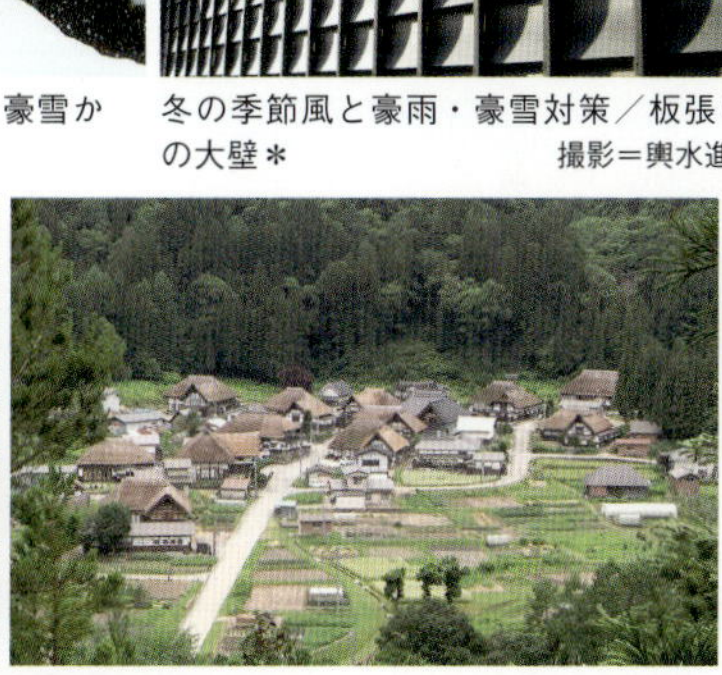
重要伝統的建造物群／南会津前沢集落・夏の風景。茅葺き屋根

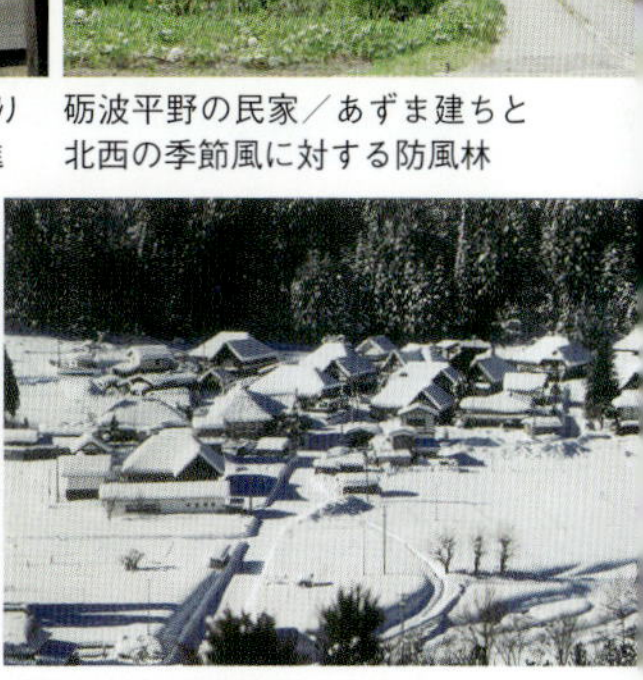
重要伝統的建造物群／南会津前沢集落冬の風景。気温零下15度

なっています。雪が深くても風がそれ程強くないので、積雪高さより上は塗り壁でも平気な地域です。山形みたいなところもあって一様ではないことを理解しながら、地域に合った設計をしなければいけません。前沢は中門造りと呼ばれる茅葺き職人が食べていけないと報告しました。文化庁に提出したレポートの中で、この集落だけでは茅葺きの集落ですが、茅葺きを守っていくためには手を入れる職人が食べていけるくらいの仕事がないと困ります。ですから、この周辺に散在している中門造りや直屋の茅葺きも含めて地域で保全していくようになると仕事の量がまとまり、茅葺き職人が生きていけます。伝建として指定したら、この地域が残るだけではなく、周辺まで含めて仕事をつくって職人が生きていけるような仕組みをつくらなければいけないことが分かってきました。前沢集落は明治40年の大火の後に建て直されています。なかなか立派な当時の復興住宅が現在まで残って、ついに伝建地区に選ばれました。復興住宅の建て方についても、いろいろ考えさせられます。茅葺きは差し茅や葺き替えを定期的に行っています。

3 和の住まい議員連盟

3-1 日本文化の魅力を世界に発信しよう!

「和の住まい」の推進のための国会議員連盟ができています。会長は山形の代議士遠藤敏明さん。たまたま新国立競技場の屋根を木造でもできますと、応募条件の中に木造を排除しないようお願いに行った時のオリンピック・パラリンピック担当大臣でもありました。その遠藤さんの他に、岡山の阿部俊子さん、経済産業大臣の世耕弘成さんなどが推進役だと思っています。そういう意味で日本的な建築をつくるには追い風ですよね。その中で匠達が仕事ができるようにするためには、そういう図面を描かなければなりませんが、まず公共建築でそういう条件で発注し

和の住まい議員連盟初会合・2016年4月14日
和の住まい議員連盟・大野敬太郎オフィシャルサイトより

てほしいですね。そうすると図面は描けます。いままでは住宅や社寺の建築で頑張ってきましたが、公共の建築で仕事が発生すれば匠達の仕事は続けられますし、生業の生態系の保全も実現できます。

議員連盟の第1回の会議風景です。こういう人達が「和の住まいのすすめ」をつくったんです。超党派になるといいんですが、いまは自民党の議員だけです。こういう動きをわれわれも支持していけばいいと思います。

4 文化庁の動き・ユネスコに提言書提出

4-1 「伝統建築工匠の技・木造建築物を受け継ぐための伝統技術」のユネスコ無形文化遺産への提案

文化財レベルの木造建築物を修理継承する伝統技術をユネスコ無形文化遺産にしたいとする申請を、平成30年2月27日に文化庁が提出しました。今は仮出しのような状態で本申請を平成31年3月にする予定と聞いています。

提案の内容は、「木・草・土などの自然素材を建築空間に生かす知恵、周期的な保存修理を見据えた材料の採取や再利用、健全な建築当初の部材とやむを得ず取り替える部材との調和や一体化を実現する高度な木工、屋根葺《ぶき》、左官、装飾、畳など、建築遺産とともに古代から途絶えることなく伝統を受け継ぎながら、工夫を重ねて発展してきた伝統建築技術」をユネスコの無形文化遺産へ登録しようと記されています。この主旨には大賛成です。

4-2 ユネスコ無形文化遺産に申請した伝統建築技術

国の保存選定技術は以下の「建造物修理」「建造物木工」「檜皮《ひわだ》葺・柿《こけら》葺き」「茅《かや》葺」「建造物装飾」「建造物彩色《さいしき》」「建造物漆塗」「屋根瓦葺《がわらぶき》(本瓦葺《ほんがわらぶき》)」「左官(日本壁)」「建具製作」「畳製作」「装潢《そうこう》修理技術」「日本産漆生産・精製」「縁付金箔《えんつけきんぱく》製造」等です。「木造技術を受け継ぐための伝統技術」と書いてありますが、これをどう読むかです。どうも既存の重要文化財になっているような重要な木造建築を受け継いでいくための伝統技術に限定するというふうに文化庁が言っているようなきらいがあります。法隆寺という名前が一つだけあがっているんですが、他の建物はあがっていません。例えば、伊勢神宮は20年毎につくり替えているのですが、元通りにつくるということで、その技術は対象に含まれると推察しますが、これからつくる新しい建築も伝統技術でつくった建築は１００年後、２００年後に文化財になる可能性が高いですね。そういうものも保存していく建築であると考えると、これまである建物を保存・再建する技術だけではなくて、伝統的木造建築物を受け継いでいくための各種の伝統技術と広く解釈できるように表現してほしいと思います。どうもそこが引っ掛かります。

ところで、重要な技術があげられていますが、入っていない技術もあります。例えば、作庭の技術です。お城の石垣をつくる技術も入っていません。屋根瓦のところには(日本瓦葺)と書いてあります。しかし、和風瓦の桟瓦葺きが入っていないのは本当にそれでいいのかなと思います。伝統の技術を残していくということであれば入れるべきだと思います。

次の問題は、伝統の技術は誰が持っている技術かということが明確に書いてあ

	選定保存技術	保存団体
1	邦楽器原糸製造	木之本町邦楽器原糸製造保存会
2	歌舞伎小道具製作	歌舞伎小道具製作技術保存会
3	歌舞伎衣裳製作修理	歌舞伎衣裳製作修理技術保存会
4	歌舞伎大道具（背景画）製作	歌舞伎大道具（背景画）製作技術保存会
5	組踊道具・衣裳製作修理	組踊道具・衣裳製作修理技術保存会
6	琉球藍製造	琉球藍製造技術保存会
7	玉鋼《たまはがね》製造	玉鋼製造技術保存会
8	阿波藍製造	阿波藍製造技術保存会
9	植物染料（紅・紫根）生産・製造	（一財）日本民族工芸技術保存協会
10	からむし	昭和村からむし生産技術保存協会
11	苧麻糸《ちょまいと》手積み	宮古苧麻《ブーンミ》積み保存会
12	竹筬《たけおさ》製作	日本竹筬技術保存研究会
13	日本産漆生産・精製	日本文化財漆協会
		日本うるし掻き技術保存会
14	手漉き和紙用具製作	全国手漉き和紙用具製作技術保存会

14件（15無形文化財等関係選定保存技術保存団体）

	選定保存技術	保存団体
1	木炭製造	伝統工芸木炭生産技術保存会
2	縁付金箔製造	金沢金箔伝統技術保存会

2件（2有形文化財等関係及び無形文化財選定保存技術保存団体）

	選定保存技術	保存団体
1	建造物修理	（公財）文化財建造物保存技術協会
2	建造物木工	（公財）文化財建造物保存技術協会
		ＮＰＯ法人 日本伝統建築技術保存会
3	檜皮葺、柿葺	（公社）全国社寺等家根工事技術保存会
4	茅葺	（公社）全国社寺等家根工事技術保存会
5	建造物装飾	（一社）社寺建造物美術保存技術協会
6	建造物彩色	（公財）日光社寺文化財保存会
7	建造物漆塗	（公財）日光社寺文化財保存会
8	屋根瓦葺（日本瓦葺）	（一社）日本伝統瓦技術保存会
9	左官（日本壁）	全国文化財壁技術保存会
10	建具製作	（一財）全国伝統建具技術保存会
11	畳製作	文化財畳保存会
12	木造彫刻修理	（公財）美術院
13	装潢修理技術	（一社）国宝修理装潢師連盟
14	浮世絵木版画技術	浮世絵木版画彫摺技術保存協会
15	祭屋台等製作修理	祭屋台等製作修理技術者協会
16	文化財庭園保存技術	文化財庭園保存技術者協議会
17	文化財石垣保存技術	文化財石垣保存技術協議会

伝統的建築工匠の技・木造建造物を受け継ぐための選定保存技術（平成30年1月1日現在／ 33件32団体）
17件（15有形文化財等関係選定保存技術保存団体）

り、保存会等の団体に属している職人の技術に限定しているように読めます。明記されている団体に入っていない匠・職人達ちがたくさんいます。例えば、先に紹介した久住章さん・有生さんも、挟土秀平さんも限定された団体には入っていません。先頃、NHKの「プロフェッショナル仕事の流儀」という番組で、久住有生さんが20歳の時に御所の壁を塗ってベテラン達に負けないようないい仕事をしたと紹介されていました。紹介の中で彼は、3歳の時から親父さんに鏝を持たされて訓練されていたと言われていました。久住有生さんは若いけれど、相当にすごい匠の腕をもっているようです。もちろん、挟土さんもそうです。そういう職人が入っていないんです。ですからこの表で指定団体が限定されるのは問題だと思っています。左官以外の伝統技術者にも指定の団体に所属していない匠達がたくさんいます。文化庁にはぜひ団体を限定しないで広めていただきたいと願っています。

5　無形文化遺産の代表的な一覧表への提案書

5-1　普請文化フォーラム2018　講演とシンポジウム

平成30年4月28日に駿河台の明治大学で普請文化フォーラムが行われて、内田祥哉先生が和風建築の歴史についてお話しされました。それとお城の研究者である千田嘉博さんが石垣の話をしていました。もう少し文化庁が指定の範囲の幅を広げることを望まれていました。この少し前に、建築学会が和室のシンポジウムをして、そこでも内田祥哉先生が基調講演をなさいました。文化庁があって、学会があって、このグループ「伝統を未来をつなげる会」があります。文化庁に対して別々のことを言っていたらまとまらない。とりあえず学会と伝統を未来をつなげる会は一緒になった方が良く、それで文化庁に強く要請をしていくことが望ましいと思っていま

普請文化フォーラムのチラシ

す。普請文化フォーラムでは後藤治先生がコーディネーターで、パネリストとして八尾の民家大工の島崎英雄棟梁と農大の学長を勤められた進士五十八さんが庭園の話をされました。岡山県の高梁のまちづくりで活躍されている小林正美先生もお話ししてくださいました。

5-2　職人宣言をしよう！

「伝統を未来につなげる会」が中村昌生*先生を中心に積極的な活動をしています。職人宣言をしようということで多くの職人に呼びかけ、どういう仕事をしているかを大勢の人に書いてもらって、こういう職人がこういう仕事をしていますよということを広める運動です。平成30年の9月から11月くらいまでの間にできることをやるということで活動しています。

5-3　伝統建築工匠の技・木造建造物を受け継ぐための伝統技術

内田祥哉先生の著書の中に、私どもが設計のお世話をした氷見の永明院五重塔の事例が紹介されています。剪断ボルトを使わないで木造建築をつくろうということを阪神・淡路大震災の翌年から始めました。途中で、本当の木造の五重塔をつくりたいんだけれどできるだろうかという相談が富山県からありました。内田・坂本研の研究成果の計算技術を使えば可能性がありますよと返事をしました。実際に38条認定を受けて伝統構法でつくりました。ですから実際に建築基準法の38条のルールに則り、現代の構造計算技術を駆使して安全性を証明した最初の建物です。それまでは、例えば清水建設が計算方法がない時代に、実物大の実験フレームを使って構造の安全性を検証した後つくった建物がありました。これは昭和63年に建設された静岡大石寺の「六壷」という建物です。私が大学院時代に聞いた話ですが、計算で確かめる方法がないので、実験の成果を元に認められた新築の伝統木造建築です。ですから、この永明院五重塔は計算で認められた

＊中村昌生・京都工芸繊維大学名誉教授は平　成30年11月5日に逝去された

新築の伝統木造建築の最初です。施主に日本の木造建築にとってはすごい発展の機会になるので是非やりましょう、と言って実現しました。計算の基本は内田・坂本研の河合さんや稲山さんの研究した成果の構造計算技術ですが、それを大成建設の花里利一さん（現・三重大学教授）に理解してもらい超高層の解析技術を使ってコンピュータで計算してもらいました。

5-4 要素の特定

こういう新しい建築を伝統の技術を使って本当の堂宮大工がつくることができます。古いものをそのままつくるとか、改修するというだけの技術ではなく、新しくつくる技術も今はあることを文化庁に認識してほしいのです。そうすると、式年遷宮のような同じつくりだから新築もできるというだけなく、全く新しデザインの伝統建築が生まれます。それも加工・組立の技術は匠達の日本の伝統技術ですから、新しい建築に使う技術も含めてくださいと言いたいのです。皆さんも応援してください。

6 生業の生態系の保全

6-1 関連異業者・匠達の連携

これから木造建築をきちんとつくるためには、関連する異業種の人達が連携しなくては新しい社会システムはできません。この話をしたある時、材木屋までいれなくちゃいけないんですかと言われたことがありました。材木屋はすごく話しにくいか、話に乗らない人種と思われているようでしたが、仲間に入れないと永久に社会システムが構築できません。仲間として同じ席についてやっていこうと話したことがあります。埼玉県では県木連が中心になって森林組合、木材業、製材業、プレカット業、工務店、設計事務所、県庁、いくつかの市役所等が参加した中大規模木造建築推進協議会ができています。その会が平成30年の6月から10月までの5カ月間、午前中2コマ、午後2コマの研修授業を実施しました。県庁の人、市役所の人、林業の人、材木屋さん等、みんな一緒に講習を受けて、中大規模の木造建築のための人的関係をつくる素地ができました。一緒に受講しているとその後の飲み会でいろいろな話に発展して、先ほどの材木屋が行儀が悪いというような話がもし本当なら、直接言えばいいんです。山にもっと金を落しましょうという話がでて、配分に関する話が全体でまとまれば素晴らしいと思います。匠達もいろいろでその仕事も状況も違います。設計者は工務店がコーディネートしている業種や職人と直接の付き合いがないから分からない。由々しき事態です。こういう仕事の人達が一緒になって建築をつくる社会を早く再生しなくてはいけない。それを「生業の生態系の構築といい、それを上手に維持していくことを保全」と言っています。お医者さんでいうと、いろいろな専門のお医者さん、内科、外科、歯医者、眼医者、産婦人科もいるような社会でないと健康を維持できない。建築も全く同じことです。

6-2　屋久島町庁舎での実践

アルセッドのメンバーが頑張って屋久島町の役場庁舎を木造でつくっています。設計の段階から役場や村、山の工場と木材の調査をしました。材の寸法と量の調査です。元口と末口の径の調査、太い径の材は長物の梁用として玉切り製材するとし、幅4寸に設定すると、どんな材がどれ程製材できるかなどの調査で、それに基づいて設計をしました。屋久杉と言われるのは樹齢1000年以上の木で、切ることはできません。1000年未満の小杉といっても300年～250年の樹齢のものは既に銘木ですよね。植林したところがたくさんありますので、国有林の植林した木を使いました。屋久島の材を屋久島の人が伐採・製材して、屋久島の工務店が仕事を受けて屋久島の職人が具体的な作業をして庁舎をつくるということをしています。工区を5つに分けました。全体を1工区にすると大きなゼネコンでなければ受けられなくなるので、屋久島の工務店が請け負える大きさに区切って工事を発注しています。主に平屋で一部2階建です。そういう次第ですから、設計事務所はたいへんです。木材の調達から考えなくてはなりません。地元は人工乾燥ではなく、天然乾燥でやりたいと主張しました。天然乾燥で基準まで乾けばそれでいいわけですが、最後に使う時までに乾かない時には、鹿児島まで運んで最期は機械で乾燥させることを覚悟して、できるだけ地元で天然乾燥をする努力をしました。こういうプロセスを通して木造建築を実現していく仕事は、普通に設計事務所が設計するようなやり方ではまだできない時代です。外材を使えば問題なくできることもありますが、地域材でつくることになるとまだ夜明け前と言えます。家具は広葉樹を使いましたが、やはり屋久島の材を使いました。

　最初に完成した棟にはすごく立派な柱が9本立っています。木材調査をした結果、9本のこのような大径の長い材を見つけ大事に使うことにしました。多くの事例で丸太を使うことを要望されます。私の山の杉を使ってくれるなら寄付をするという方が全国いたるところにおいでになります。ここでは丸太は止めたいと思いました。丸太に近い状態で面皮を残しながら、八角形にしていくとすれば、材を小さくしないで使えるのではないかと思いました。普通はまず四角形にしてから隅を落として八角形にしますがそうすると小さくなります。面皮付のとり方をすれば丸太に近い状態で採れます。一部上の方で面皮のようになっている部分もありますが、見えにくいところなので殆どの人は気がつきません。内田祥哉先生と研究室の先輩達数人に見ていただきました。先輩は住宅や堂宮以外で木造ができるとは思っていません。でも現在はこういう建物ができるということで、びっくりしていました。森林組合で材料のとり方まで設計事務所が調査

屋久島新庁舎　フォーラム棟内部（工事現場）
中央に9本の八角柱を配している

屋久島新庁舎パース

しながら設計を進めたんですという話をしたら、ものすごく感激してくれました。設計のプロセスの中でそういうことまでやるというのは、それはもう先端的な技術だと、昭和30年代後半の超高層をつくるような先端的な技術だと言ってくれました。担当者も含め設計チームはすごく報われる思いでした。木造は今黎明期です。

この庁舎でも伝統的な木造技術であるめり込みの力を活かした構造になっています。集成材ではなく無垢の木材でつくる現代建築もできるということになりました。伝統的な木造技術とこのような新しい技術を使って、匠達の技術も活かした現代の伝統的木造建築だと思っています。五重塔の時の解き方と原理は同じです。あれは多層構造ですからコンピューターの超高層の解析技術が必要でしたが、この平屋か2階建ではそれは使わずに出来ます。伝統技術で出来ていますので、１００年後には文化財になるかもしれないと思いながら頑張っています。匠達の技術は、先ほどから言っているように、いろいろな技術を含めて日本のこれからの伝統建築をつくるための無形文化財だと言えます。

以上で私の話を終わりますが、3回にわたって私とアルセッド建築研究所のチームの体験とその中から生まれた想いを聴いてくださって誠にありがとうございました。

【講演の補足】

◆生業の生態系の保全

問　先生は、ここ10年くらい「生業（なりわい）の生態系」という言葉を使っています。我々にも講義をしてくださいましたし、アルセッド建築研究所でも実践してきたと思います。今日は新しい屋久島での取り組みも聞かせていただきました。10年くらいの間に、屋久島のプロジェクト等、生業の生態系の保全を意識した実践を通して何か意識の変化を感じてらっしゃいますか。

三井所　有田のまちづくりに関わった時に、アルセッドだけではまちづくりできないと思って、地元の工務店と設計事務所と連携して有田の町が有田らしくなるためには、どんな設計をしたらいいのかを15年くらい継続してきた話をしましたが、それがすべての始まりです。大勢でやると最初は小さな点がポツンポツンとあるんですが、時間が経過するうちに町中に広がっていきます。長い間一緒に勉強会をやっていると本当に効果が出てきます。「生業の生態系」という言葉は、2006年の中越地震の時以来です。山古志に大工さん達がいなくなるような復興の仕方をしてはまずいと。阪神淡路の時のような復興をすると山古志では大工さんがいなくなってしまうということが想定できました。復興住宅は出来たけれどその後20年くらい新築の依頼のない村にしてはまずいというところからですね。仕事が続いていくような復興の仕方をしないといけないと痛切に思いました。それを長島忠美村長にお話しして、震災後合併をした森民夫長岡市長にもお話しして、それはいいと同意していただきました。

その延長上で山古志の震災復興でいろいろな職方がおいでになるんだけれど、その人達が生きていくためには連携しなくてはいけない。例えば左官屋の久住章さんが自分が鏝を鍛冶屋に注文しないと鍛冶屋が鏝をつくる機会がひとつなくなるから、親父の鏝を貰うのではなく、自分の鏝をつくりますと、親父に言ったという話をしましたが、生業の生態系は建築をつくる職人だけではなく、その職方が使う道具をつくる職人も含めるとさらに広く深い生態系が見えてきます。漆塗りの職人に話を聞いたら、筆をつくる職人がいなくなってきたので困るという話です。

建築の職人がいてもその職人が仕事していくための生業の生態系が縦に複雑に絡んでいると思います。なかなか理論化できないのですが。そういうものを失わないようにやっていかなくてはいけない。そういう意味で文化財のユネスコへの無形文化財登録があるとすれば、あの限られた技術だけではなくて、文化庁に「等」とか、「を中心として」と言ってもらうと限りなく広がります。そうすれば、みんなが仕事に誇りが持てます。お客さんもそういう職人に仕事をしてもらったことに誇りがもてるようになります。

問　各職種のネットワーク図がありましたが、この中に地域のなかで土地をいじるということになりますと、不動産業が関係してきます。この中に不動産業が入っていないんですが。あえて入れていないんでしょうか。最近は空き家の問題もありますが。土地をどうするという話までできないといけないと感じているので。

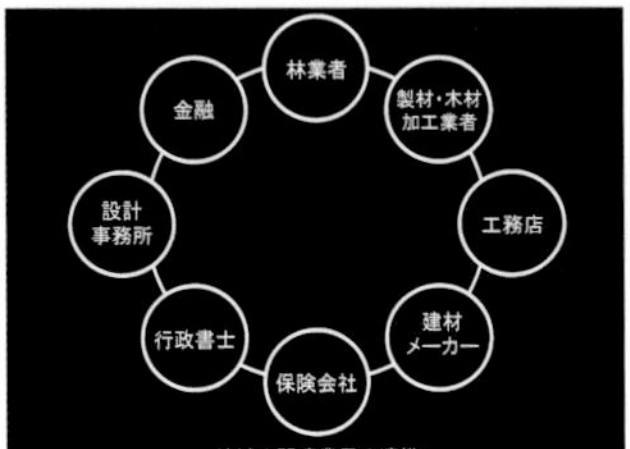

地域の関連業界の連携

三井所　不動産業も重要な事業者ですね。あの図は福島県で大震災の後にチームをつくる時につくったものです。既存住宅状況調査でも不動産売買で木造建築士と不動産が連携しなければいけない状況になっています。

問　地元で個人の設計事務所だとこれからどうやっていこうか悩んでいますが。こういうネットワークをつくっていかないとダメだなと思っています。特に土地をいじれるとか、偏見もないことはないんですが、そういう方と連携していかないと、保険会社とのお金の問題も当然あるし。一気通貫する仕組みを地域のなかでつくっていくことが必要です。特に高齢の方などは自分の家をどうしていいか分からないという方もいらっしゃいます。そういう方の受け皿をつくらないといけないと思うんですが、どうしたらいいのかが分かっていません。そなことを考えている時にこの図を拝見したので、どうして不動産が入っていないのかなと思いました。

三井所　**ご指摘の通り、不動産業を入れる方がいいですね。**木材の流通業の人達の中には山になかなかお金が戻らないようなことをやって、そのことが良くないと思われているのは知っています。でも仲間に入れて一緒にやっていかなければいけない。林業の方と話をしたんですが、やはり山にお金が戻らないので、なかなか植林できないと言っていました。末端のお金から考えると、もう少し材が高く売れてもいいのではという考えをもっていました。

後藤　私も保存をずっとやっていますが、20年前と何が圧倒的に違うかというと、東京を除いて人口が増えているところはないので、高度開発して儲かる所は東京以外大都市圏を除いてはないことです。不動産屋さんも建築をみないと、地面だけをみて商売になる人はいません。だから今は、リノベーションで打ち捨てられたものに価値づけをすることによって、その利ざやを高めていかないとうまくいかない時代になりつつあります。そこが建築業界とは違っているなと思います。

個人的に生業の生態系との関係で思っていることを言いますと、5年10年前は事業がしぼんで地方で食べていくことが大変で業をやめているということが多かったんですが、今はむしろ実は業としては成り立っているんだけれど高齢化で後継者がなく事業を閉じている状況が多いんです。空き家の問題が取り上げられますが、もっと重要な問題は事業承継のやり方です。一族郎党、血縁者にだけいままでは業を継いで来ましたが、食えている業をいかに関係ない人に引き継いでもらうかというところが大事なところです。みすみす食べられる職を捨てて事業を閉じているところが地方では多くて、むしろ地方に食べられるチャンスは見方によってはたくさんあるのかなと思います。茅葺きはまさにそうです。京都の美山や福島の大内の茅葺き職人は全国のシェアを得て元気に活躍しています。それと同じように事業承継さえうまくいけば、他の地域のシェアも得られるような時代になっていると思うのです。この4、5年ひしひしと感じていることで、それを上手くやっている所が地方で生き残っている所です。それを空き家が負の遺産だとか、今まで通りの見方しかできない所は負けて消え去っていくんじゃないかと感じています。

先生の生業の生態系というのもそう意味では地域で閉じてやるのか、地域で戦略的にやれるかどうかで変わります。ひとつの町でやる必要はなくて、いくつかの町が連携してやれるところの方が生き残るのではないかと、前沢などをみているとそう思います。ある程度大きな町ならば、自分達の町だけでできるんでしょうけれど、もう少し広域に見た方がいい町もあるかなと思っています。

三井所　今の話を聞いて思い出したことがあります。普通は安い漆喰の壁を塗るにしても、プラスターボードの上に漆喰を塗るだけで終わることが普通です。クロス貼りでなくて左官が塗るとしてもその程度です。佐賀でお茶屋さんの家を設計したことがあります。本格的な漆喰の壁を塗ることになりました。親方が20年ぶりだと言いました。20年ぶりに本格的な漆喰壁を、現場で火を焚いてツノマタという海藻を溶かしながらやると言うんです。20年ぶりの仕事で若者がそれを覚えました。

普段は安い仕事をしていても、本格的な仕事がきた時に、伝統の技術を使える。そういう意味では今はいい状況になりつつあると思います。安い仕事をしながら、ビニールクロスが漆喰に変わったり、安い塗り壁が本格的な漆喰に変わったりするチャンスがある。20年に1回発生すれば技術は伝えられるというふうに思いました。常にいい仕事をしている人達だけで技術を保存するものではないのだと思います。

◆山古志の復興

問　山古志の復興住宅建設の際に、長岡の支援チームを説得した時の話を聞かせてください。

三井所　山古志の大工さん達ができませんと言った時にはどうしようかと思いました。いかに近場の手の内でできる体制をと考えていましたから。山古志の工務店は長岡の建築協同設計組合に入っていたんですが、付き合いはほとんどない状態でした。長岡の人達も山古志に行くのかなという感じです。ですから、お願いするにあたり、私達は計画のすべてをオープンにしました。見積りも、我々はこれでできると思うけれどどうですかと。全部包み隠さず話しました。そのうえで地域のために長岡の皆さんが協力しましょうと話しました。

我々の方から決めない。我々がこうしたらどうかということをやりだすと、思いが入ったり、独善的になったりするので、地域の人が決められるように、こちらの手の内をさらけ出しました。見積りを見た工務店の人が、ちょっと赤っぽいけれどしょうがないかね。じゃあやろうと言ってくれた。その後は、皆さん一生懸命地域の人のために一致団結して努力していただいて、こういう結果がでました。

◆ヘリテージマネージャー

後藤　山古志とは少し違う事例ですが、熊本の地震でたくさんの歴史的な建物が被害を受けました。歴史的建物の修復に詳しい建築士等の専門家であるヘリテージマネージャーの養成をしているのですが、九州各県の建築士会は特に熱心で、地震の前に、熊本で地震があったという想定で、九州の中で福岡や佐賀や長崎や大分、鹿児島や宮崎など隣接県からヘリテージマネージャーに助けにきてもらう予行演習を、熊本から呼びかけて2回行っていました。そこに地震が本当にきてしまいました。

熊本地震の被害はだいぶ出ていまして、壊されてしまった建物もたくさんありますが、県と市が復興基金を工夫してくれて、歴史的建物を再生するために支援金を出す仕組みが出来上がり、地元のヘリテージマネージャーが面倒をみつつ復興に一歩一歩進んでいる状況です。震災直後から復興段階で熊本の建築士の方は地元の一般建築で手一杯で、歴史的建物までやっている時間がありません。引き続き福岡、大分、佐賀など、九州各県の建築士会に支援してもらう体制ができています。日頃からの協力体制、連携をとっていることが重要だということを痛感しています。それを工務店レベルでもできるようになることが重要だと思っています。

そういう意味では、歴史的な建物の復興では瓦屋さんや左官屋さんがいないとできません。静岡などは瓦業組合や左官業組合と協定を結んでいますが、それがうまく機能するのか分かりませんが、地域だけでは手が足りないという点で、山古志で起こったことと同じことが熊本でも発生しています。前沢でも地域の元気が出るために、よそ者の力が重要です。地域支援員など新しく来た方がいますが、その方が茅葺きを産業にするために力を発揮してくれています。そこが必要だと感じています。

もう一つ大事なことは、地域の住民のレベルでいうと、よく高齢者ばかりだと言いますが、日本の国でこれから高齢者ばかりになるのは当たり前なので、そんなことを悲観していてもしょうがないということです。高齢者の方が観光で少しお小遣いが入るということになれば元気につながります。直売店でも野菜を並べて売ってみたら、売れて少し小遣いが入ってくると元気になり、今日の賑わいに繋がっていると認識しています。前沢もそうですが、よそから人が来てくれて、少し稼ぎが入ればいいですね。高齢者だから年収何百万円もいらないですよね。ちょとした稼ぎで元気になる。観光はそこが重要だと思うんですが、観光で専業化して食べられるほどあまくはないんですが、高齢者のお小遣いを稼ぐには観光で十分です。

その点で国が地方を元気にするのは観光だと言っているのであって、そこを間違えると元気どころか疲弊してしまいます。高齢者が元気になるのに観光が非常に有効だということを認識するともっと上手い戦略がたてられると思っています。そういうことを各地方で視野に入れてもらうといいんじゃないかなと思います。

三井所　後藤先生を中心に全国の建築士会でヘリテージマネージャーを育てています。現在5千人くらいいます。東京都も平成29年から始めて希望者が多く、すぐに満員になりました。九州は先んじて5、6年前から始めています。どこかでなにかあったら困るから、九州はひとつになって助けあうことになっています。歴史的建造物が損傷した時に、普通の建物とは違うのでヘリテージマネージャーのような眼をもった人が九州中から集まって応援しようということになっています。2回訓練ができていました。それが熊本で役に立ちました。福岡の八女の建築士が中心になってコーディネートして各県から応援に来てくれ、330棟の歴史的建造物の調査が一気に終わりました。これには文化庁もすごく喜んでくれて、今後そういうことができるようにしたいと、スキルアップ講座も行っています。

◆前沢集落のまちづくり

問　伝建地区に選定された前沢地区の活性化はこれからのテーマです。伝建地区に指定されて喜びの中にいますが、その中で前沢の皆さんが積極的に舘岩地区や南会津町と連携したまちづくりを推進しなければと思いますが。

三井所　前沢を中心に南会津地域の茅葺き産業の話をします。茅葺きの住宅がどれくらいの棟数があれば循環するのか。大内宿では30軒近くの伝建の茅葺き民家があります。それを基幹産業にしながら茅葺きの仕事が循環しています。それくらいの規模があれば循環するということが分かりました。そういう意味では、前沢地区には15棟くらいの茅葺き民家がありますが、集落の中だけでは茅葺き産業が自立しません。廻りの茅葺きの民家の保全とリンクさせながら進めていくことが大切です。

前沢の集落も含めて周辺の茅葺き民家の空家が問題になっています。そういうことについては、日本全国の問題です。古民家というものを集落の資産としてとらえ、廻りの集落も含めて、民泊などの施設として活用しながら、宿泊料を得ることで観光業と連動しながらその保全を進めていきたいと思っています。まさにまちづくりと仕事づくりを連動させながら考えていきたいと思っています。

◆地域の活性化

三井所　前沢の活性化につきましては、最初は何もないところに板を並べて野菜を置いていました。学生が前を通過する車に旗を振って広場に誘導して、なめこ汁をふるまったり、地元の野菜を買ってもらいました。そういうところから始めました。地味でも続けていけば、継続・発展していくと思います。現在は建築士会が全国でまちづくりをやろうと動いています。35年程前は、小布施の宮本忠長さんのような活動を有田で活動していた私達は知らなかったのですが、同時期に同じようなまちづくりをしていたようです。

学生時代には常に新しいことをやらなければいけない。先輩達の仕事も、自分の仕事も乗り越えなければいけない。常に新しいことをしなければというストレスがありました。そういう時に有田に行きました。これは違うと思いがしました。有田には歴史的な豊かさがありました。これは違うと思いがしました。学生時代は革命的なことが好きで、修正主義は軽蔑する言葉でした。今思うと修正しながら新しいものに挑戦し、前のものを引き継いで修正して、現在をつくり未来をつくる方がいいと思いが変わりました。有田の活動を始めた時にすでにそういう意識に変わって動いていたんだと最近気が付きました。最近出た本で『保守主義とは何か』という本があるんですが、本当の保守主義をやっていたんではないかと思うような気分になっています。本当の保守はしっかり守るべきことを考えて、それをベースに新しいことを実践するのです。有田焼の伝統を守っている職人達がそれを発展させていこうする。そういうことから繋いでいくと、そんなに難しく考えなくても、ある地域の個性を活かしながら修正し、引き継いでいけばいいと思います。まちづくりもそんなに難しいことではない。これからもチャレンジしていこう思います。

◆木造への傾倒

問　これまでの講演で、先生が建築についてお考えになられる時、その根拠の一つに「地域」という包括的概念があることを理解しました。ではその表現、あるいは実践において、特に木造建築にこだわりをおもちになられているのはどうしてなのでしょうか。

三井所　もともと私は、住宅が不足した時代の昭和30年代の後半から40年代にかけてプレハブの研究をしていました。だから、ハウスメーカーの方にもたくさん知り合いがいます。僕は敵だとは思っていません。そういう人達とも一緒にやらないといけないと思っています。

　木造に傾いたのは、有田で美術館の仕事、鉄筋コンクリートの仕事ですが、を頼まれた時に、有田の町が壊れつつあるということに気が付いたんです。今手をつけなければ壊れてしまうと思いました。何軒か四角いコンクリートの建物があって、それは力のある人達の建築です。その傾向が続くと町が壊れてしまう。普通の町の傾向だと思います。いまのうちにその流れを止めたいと思いました。それで「焼物に負けない美しい町づくり」というテーマを掲げて、工務店と設計事務所の人達と一緒に勉強会を始めした。ＨＯＰＥ計画がきっかけでした。それは木造でしかできない。

　住宅不足の時代、建設省のある課長さんにどうして木造を支援しないのかと尋ねたことがあります。その時は文化財みたいなものをやっていられない。プレハブを推進しないと、住宅の不足を解決できないという答えでした。そういう時代でしたので、大学を出て芝浦工大に赴任してほぼ10年間はコンクリートの集合住宅をプレハブでつくる研究開発に夢中で取り組んでいました。アルセッドの初期はまさにその時代です。

　今はまさに、文化財に相当するような技術をもった人達を支援して残していきたいと思っています。そういう想いは、有田の町並みをどうやって残すかと思った時からスタートしました。その時には住宅を考えていました。その後は、林野庁がモデル木造政策を打ち出し、少し大きな木造、普通の住宅ではない建築を木造でできることを役所にも、設計者にも、工事者にも、一般のユーザーにも理解してもらいたいという施策が出てきた時に、これは応援しようと思いました。

その取り掛かりとして、千葉市に「ふるさとの館」を設計しました。集成材の建築です。外観はすごく日本的で、千葉の郊外にあって廻りの自然に溶け込むような建築です。地域の景観に合うようにデザインしました。現代建築で変なデザインをしたら、こんなややこしい仕事は私はしたくないと思う人がたくさんいます。みんなができるようなものを考えていかなければなりません。あれなら私もできるというようなものを木造でつくるよう努めています。また、植林した木を有効に活かしすためには、木造建築に使う以外にはないと思っています。そういう思いで、モデル木造の施策を知った時に応援しようと思いました。それが環境問題に発展してきて、後付的に意味がたくさんついてきました。

後藤　私もハウスメーカよりも地元にお金を落とせと言っているのは、決してメーカーを否定しているわけではありません。時と場合によっては大量供給が必要なこともあります。例えば応急仮設を一挙につくらなければいけない時には、メーカー仕様のものの方が有利で、それは否定していません。

先生と少し違っているのは、災害時に大工や工務店をはじめ、地域の職人さんの必要性をより強く感じています。最近の岡山での災害も含めて、日本は災害の多い国です。災害が起きた後は、いままではスクラップアンドビルドで建て替えが多いんですが、そうはいいつも全部建て替え供給はできないでしょう。災害の多い国では家が被災します。なるべく被災しないように現代技術で耐震化などをしていますが、被害が出た時には必ず直し手が必要です。そういう時に地域に工務店や大工さんや職人さんがいないとうまく直りません。

日本は物価が高くて諸外国に比べて家の値段が高すぎると言われますが、それは災害の多い国だからと言うのがひとつと、もうひとつは島国はみんな物価が高いんです。スリランカ、台湾もそうです。小さな島の中にたくさんの人が暮らすには、どうやったって当然物価が高くなります。そこを大きな大陸の大きな平たい土地がある国と同じスタンダードでものごとを考えると絶対におかしくて、大量供給型のものは日本に向いているのかなと思います。高度成長時代ですごく人口が増えた時代はともかくとして。

特に今回の岡山の水害を見て、メーカーハウスもああいう水害があった時に簡単に床や壁を外せて乾きやすい家のつくり方をしなければいけないのではないと思います。災害にあった時に復旧しやすい町づくりや家づくりを考えると、職人さんの文化がなくなると、うまく持続しないのではないかと思います。災害があると調査をするんですが、その度に思っています。

三井所　今のお話しを違う言葉でいいますと、オープンな技術とクローズドな技術があって、私達が使っているのはオープンな技術です。誰でも使える、誰でもつくれる。ですから災害の時には、いろいろなところから応援に来てくれて仕事が成立します。特認とか認定をとったクローズドな技術は手をつけられません。オープンな技術でいい技術を残していくのが重要なことだと思っています。いまの後藤先生の考えと同じだと思います。

◆木造建築技術の伝承

問　オープンな技術について考えると、さきほどのユネスコの文化遺産の話は、文化財の補修技術や伝統の技術は本当にオープンなのか、地場の工務店ができる技術なのか、その辺のさじ加減というか、状況がなやましいなと思っていて、文化財の補修工事が非常に高度化していて、コストが非常に高くなっています。文化財は特殊なものというふうになってしまうと、一般の既成市街地の建物の修繕はまったく別物なのかというあたりが、技術のクローズド、オープン、昔でいうとハウスメーカーの技術がクローズドのイメージだったんですが、文化財を担う技術者がクローズドなってしまうと問題なのかなと思います。今後生業の生態系を描く際に、文化財の伝統技術と在来軸組を担う地元の工務店のバランスをどう考えていったらいいのかを教えてください。

三井所　私が有田で町づくりを始めた時から思っていたのは、上手物と下手物があるということです。民藝運動が起きましたよね。柳宗悦、駒場にある日本民芸館の初代館長さんですが。上手物はいわば貴族社会の道具で、時間と手間をかけてつくる貴重なものです。下手物というのは変なものという意味ではなくて、庶民が楽しめるいいもの。庶民が買えるいいもの。そういういいものをつくっていかなければ、層の厚い民衆の文化にならないというのが民藝運動の基本です。上手物の文化も大切で維持していかなくてはいけないけれど、庶民が楽しめるいいものも一般的な技術としての文化。これはスピードも必要ですし、手間もかけられないけれどいいものをつくらなければいけません。それはたいへんなんだけれども、そういう下手物の世界があり、そういうものを住宅でつくるとすると、どういうものかと考えました。堂宮大工や数寄屋大工がつくるものだけではなくて、普通の工務店が普通の職人達がそういう技術を使うという技術として伝統の技術があって、それを多くの国民が楽しめると思えばいいんじゃないですか。ですから、下手物と上手物という分け方をすると、文化庁は上手物に向いているのではないかと思いながら、こっちも向いてよと言いたいところがあります。私流の解釈ですが。

後藤　文化財も国宝や重文クラスは単価がすごく高いんですが、伝統的建造物保存地区に行ったら、普通の値段で修理をやっています。文化庁の担当者に言わせるとあんなのはにせ文化財だと言うんですが、僕はそっちの方が正しいと思っています。先ほど話に出た挟土秀平さんや久住章さん、久住有生さんは、普通の壁も塗るけれども、そうしたなかで技術や腕を磨いて最後に到達した場所にいるので、決してそれが切り離されているわけではありません。日常的に手の感覚を磨いて、普通の壁を塗って、気候風土の違う土地で経験を積んだうえであのような技術があるはずだと思います。職人の世界を話す時にいつも言うんですが、三角形の底辺と頂点で、底辺があるから頂点があるので、頂点しかないものは家元的な芸になってしまい、飾りだけでろくなものではない。高いばかりで上手くない蕎麦だと、そんな感じじゃないですかね。

最近の文化財の話に戻ると、さきほど三井所先生が屋久島で使っていた床材がありますね。そんなに長い年数のものではない。今の文化財は丁寧に解体して、古材を全部再利用しています。丁寧に解体すると手間と時間がかかります。そこで単価が上がっている状況です。僕はもっと荒っぽい部分があってもいいと思います。70年の材を70年使い切ったら変えていいんだったら、そこは荒っぽく解体して、記録だけとっておけばいいと思います。一個一個丁寧に外して記帳をして、痩せたところに埋め木したら、お金も手間もかかります。今の文化財はそういう意味で、古材は大切という原理主義にとらわれていて無駄にお金をかけています。現場に行って言うのは、瓦を一枚一枚下ろして叩いているんですが、そんなのは一部の例外を除けば無駄だろうと。そうやって単価が上がって、工期も延びて、そうすると設計者が常駐する期間も延びてさらにお金がかかります。悪のスパイラルです。そんな感じになっています。合理的に、変えるところは変える、残すところは残す。なにが一番大事か。その価値観は時代によって変わります。環境が大事だったり、コミュニティが大事だったり、変わってきますが、そういうところをもっと考えてやらないと、机の上で習った原理でいたずらにお金を上げている部分がものすごくあると思います。屁理屈でお金を上げている感じがします。そういう意味では、もっと町場というか底辺のものを見て、原点に帰ったほうがいいと思います。私も世話になった大工の田中文男さんは若手の入門したての人に古民家の解体をさせて建物の原点に触れさせていました。今残っている古民家は、木割がないといって捨ててあるような建物かというと、私は決してそうではありません。庶民住宅ですごく長持ちする技術を得た建物なので、木割のない荒っぽい部分もありながら、長寿命の部分もあります。先ほどの屋久島の庁舎ではないですけれど、ある時代のノウハウが詰まった建物だからこそ若手の勉強になるんではないかと思います。シンプルでノウハウが詰まった建物で今の学生も勉強できると一番いいのかなと思います。

三井所　瓦の話で、全部調査することは習慣になっているというお話しでしたが、京都の町家の旦那の話で、本当かどうかはわかりませんが、お伝えしますと、使える瓦が半部くらいあるとすると、表の通り側の屋根に使います。裏に新しい瓦を使います。次に葺き替える時には裏の瓦を表に使います。そうすると町並みに古さが維持できるということでした。全部取り換えるか、全部残すかではなく、部分的に古い瓦を混ぜていくと雰囲気が残るということがあるかもしれません。その場その場で知恵を働かせてやっていくと、古いものが景観的にも維持できます。そういうのも知恵ですね。知恵をしっかり受け継いでいかないといけないと思います。

◆中大規模木造建築

問　大断面集成材はラミナ材を接着したものが主ですが、それよりも間伐材や100㎜角の柱を、例えば16本組み合わせて木栓で繋いで柱をつくれば、接着剤を使わずにもう少し粘り強いものが出来るのではないかなと思うんですが。

三井所　今日紹介したのは集成材のところまででしたね。最近我々がやっているのは住宅用として流通している製材を使っています。集成材はスパンが大きくて鉄骨の梁にしたいと思うような所を木の集成材を使えばどうかとうくらいの感じです。それも、住宅用に流通している一般的な材料で、できれば少し太めの4寸以上のもの、断熱性を高くしようとすると3寸5分だと少し足りないので。建築士会では今は住宅用の一般流通材を使った中大規模の建築をどうつくるかという運動や勉強会をしています。今日はお見せしなかったんですが、湯川村と会津坂下町が共同した道の駅あいづをつくりました。幼稚園の設計をした後です。プレカット工場を福島県内で調べると、何種類かレベルの違う工場があって、それぞれ違うところが仕事ができるような図面を描いて、仕事が地域のなかでうまく分けあえるように、意識して図面を描いた経験もあります。ですから、今は接着剤にこだわった話ではありません。

後藤　三井所先生が設計された宮崎の木材利用技術センターに行くと、普通の材料を接着剤を使わずに束ねる技術があって、有馬孝禮先生(東京大学名誉教授)が所長の時に、私は見させていただきました。すごく面白い技術だなと思いました。いろんな技術が開発されているようですが。

三井所　建物は集成材を使っていますが、研究しているのは集成材も含めてさらに製材、流通材を束ねる技術等、新しい木材活用の開発・実験が行われています。

後藤　宮崎の建物のディテールを見ると、大工さんがやらないとできないような組立方が満載されています。私は有馬先生から聞きましたが。その話を一般の人も聞くと素晴らしいと言います。見に行くと、集成材にもは歴史的にいろいろな変遷があり、さまざまな新しい取り組みがされていることが理解できると思います。お薦めの施設です。

三井所　門の裏側に貼ってある1m角のステンレス板に、このプロジェクトに参加した県庁の役人から現場の職人まで、1000人くらいの名前が刻んであります。ある大工さんが奥さんに自分の名前が刻んであるだろうと見せて、自分が仕事をしたところに連れて行って説明しているのを見て、参加した人の名前が残るようにしてよかったと思いました。

◆屋久島庁舎

問　屋久島庁舎の9本の大径柱に見られる架構は、貫なのか指物なのか微妙な太さですが。

答　内法貫のようなものですね。めり込みに耐えるように、剪断を伝える仕口で木栓も打っています。この貫の上に束を立て棟を支えています。柱は芯持ちの大きな柱です。

問　背割りを入れて埋めていますね。

三井所　内田祥哉先生が「どうして4面に背割りがあるの?」と言われましたが、丸太はいろいろなところに小さな割れがはいることがあります。だから4面に背割りを入れて、他のところに割れが生じにくいようにしています。背割りの中は配線スペースにも使っています。

問　梁間側は?

答　梁間側も柱を貫いて両側の登り梁を繋いでいます。合掌材のような登り梁の開き止めの引張材です。トラス状の組方になっています。

問　登り梁を軒に。

答　そうです。深い軒があるんですが、背の高い登り梁延長して深い軒を形成しました。

問　桁行の外周が柱というか、一部壁柱になっていますね。

答　1間と半間の間隔の柱が交互に立っていて、半間のところの一部を耐力壁にしています。

問　屋根面は面剛性を期待していますか。

答　そうです。屋根面は剛性が高く、柱や壁に力を流します。

問　伝統建築といいつつ、日本の伝統建築だと屋根面の面剛性はそこまでないので、伝統のめり込みを活かしつつも、面も強くする現代的なところも入っているようですが。

答　伝統のままではなく、発展した構造計画をしています。
問　床材はどのくらいの年数の木ですか。
答　戦後植林した木です。
問　戦後だとすると、樹齢70年くらいですか。幅は?
答　幅は120㎜、厚みが18㎜。
問　板というよりは、幅が狭くて厚いですね。
答　屋久島の杉は赤芯とか黒芯とかいって、真の部分が脂分が多くて強いので、それを製材して板材にして使っています。
後藤　伝統的な木造では板は幅広で厚みがあります。僕が文化財を調査していて、何が一番環境にもったいないかというと、板が一番もったいないんです。床や壁に幅広の板を使うとすごく大木が必要になります。実はそれが一番寿命が短くてしょっちゅう取り換えないといけないのですごく非効率ですが、こういう使い方だと板は樹齢の長い木を使わなくてもいい。その点で、先生の方法はとても現代的だと思いました。木材を人工乾燥すると、耐力の低下が問題になりますが、分厚い板は、耐力的には問題ないので人工乾燥ができます。実は伝統が必ずしも素晴らしいことばかりではなくて、伝統にも無駄使いがたくさんありますが、現代技術を使うことでこういうかたちで解消できます。そんなに年数がかからずに山で育った木を大量利用してつくれるというところが入っているので、伝統でありつつも実は伝統の改良すべきところは改良されているのかなと私にはそう見えます。
三井所　原則、材の幅は4寸として、柱も梁も板も製材しています。芯持ちの梁をつくるくらいの木も使っているので、かなり大きい径のものから板もつくっています。
後藤　屋久島だと70年でそこそこの太さになるのでそれで板材がとれるんですね。宮崎や屋久島だとできますが、秋田だと70年くらいだと厳しいですね。皆さんは考えたことがないかもしれないですが、植林のサイクルと建築の寿命とのサイクルを考えると板材の使い方は悩ましい、すごく考えていく必要があるところだと思っています。
三井所　一番伝統と違う所は小屋組です。小屋組は不正形の束と梁を組むんでしょうが、めり込みといいながらもトラスの考えを入れています。
後藤　その辺りもすっきり見える要因だと思います。和小屋だとたくさん柱を立てて、柱梁がたくさん必要で意外に非効率的ですが、その辺りも改良されています。
問　確認申請はどのようにやられたんでしょうか。
答　確認申請を簡単に出すためには、壁量計算をすれば一番簡単です。
問　壁量計算でされたんですか。
答　実際にはそうでない計算をきちんとやっています。計算で安全を確認しながら、壁量計算で確認申請で降ろすということをします。手続きで時間がかかってしまう。時間がかからないようにするためにはそういう方法もあります。

問　複雑な構造計算が出来る事務所は民間にはそうないと思いますが。

答　そうですね。そういう状況ですから、埼玉で勉強会を始めました。JASCA（構造自家設計集団）埼玉の人達が今一生懸命勉強をしています。その人達が本部で木造部会を形成するようになってくると思います。

問　木造に取り組む構造設計者の方が育ちつつあるということですね。

答　少ないですけれど。そういう意味で黎明期です。夜は明けたけれど、まだ太陽が上まで登っていない時期です。

◆木造の未来

問　木造技術の未来に関して、お話を参考にさせていただきました。担い手を絶やさないために今後行政がどのような取り組みをしてほしいと思っていますか。

三井所　川上の林業から、木材流通・設計・加工・組立等の役割を担う人々が連携することを推進することが肝要です。またそのためには、先ほどからお話ししている通り、行政が普段つくる建築のなかに部分的に、例えば1割くらいは伝統構法に当てましょうと決めてくれれば、そういう設計ができます。2割になるともっといいです。今はこれもできていない。だんだんこれができるようになるといいと思っています。

問　発注する側としては、行政として対応することはできると思いますが、それにお金がかかるとおっしゃいました。お金がかかってもこの技術を残す価値があるという時、その対外的な価値を説明してください。これだけお金をかけて行政はなにをやっているんだと言われると困ってしまいます。対外的説明をアピールするようにお互いがやっていけば、きっと職人が生きられるようになると思ます。

三井所　これまで住宅で頑張っている町があります。住宅を一戸建てるのに3千万円くらいかかるとして、地域の木材を使う木材費が50万円高くなるだけです。50万円町が補助を出せば地元の材で木造住宅ができます。地元でできるということはお金が地元に落ちるということです。その金は町の中を回ってきて町には税金として戻ってきます。結果的に町は黒字になります。もう少し幅の広い経済活動の視点からを考えていくことも必要です。そのお金が地元で回って3・5倍になって帰って来るといわれます。そういうことを考えると、安くできることになります。

後藤　それは私もいま町並み保存の時に必ず言っています。地方はハウスメーカーとの差額を補助で出しなさいと。そうするとハウスメーカーに仕事をとられずに地域の中にお金が落ちて地域の中で経済が回ります。生涯で一番高い買い物が家だとすると、そのお金をみすみすよその町にどんどんとられていくのに対して、その差額分を出すことによって自分の地域に資本を落として、地域経済を回すのとどっちがいいでしょうかというのを首長さんに必ず言うようにしています。そこのところが理解できるかどうかで全然変わってきます。あとは行政の人に言っているのは、町並み保存をする時に、条例をつくる時に単純に文化財の保存という目的だけではなくて、地場産業の継承と振興とか地域経済の活性化を条例の目的に入れ、文化庁が言っているモデル条例だけではなくて、地域の技術者や技能者の継承という目的をはっきり書きこんで、地元に仕事を落とせるような根拠条文をつくるということも保存地区でやっています。前沢地区は保存地区条例の目的にそういうことを入れ込んでいます。その辺りは首長さんを説得することがすごく大事だと思います。

三井所　山古志以上に山奥の前沢にハウスメーカーが来ることはないんですけれども、それでも伝統技術をきちんと使おうということにはなかなかならないですね。そういうところでも経済的には本当は回るんですよという話はします。東北でも大震災の前にはおよそ4割くらいはプレハブや在来のいろいろな外部の力によるつくり方でしたが6割は地元の人がつくっています。大震災後の住宅復興でも、その比率を守るように努力していきましょうとずっと運動してきました。外部の力も排除してはダメですよね。一緒に復興をしていかなければいけない。そのなかで地元のシェアを失わないようにしないと、一度失ったシェアは戻ってきませんからね。メンテナンス、建て替えも含めて戻ってこないので、シェアをみんなで確保する努力をする。それが担い手を絶滅させないために必要なことでしょう。

後藤　国の補助を貰ってしまうと、補助金の関係で入札が原則になってしまうので、なかなか地域に仕事を落しにくくなります。そこで補助を貰うために国の法律に基づいて条例をつくりなさいとなっているのですが、条例は国の言われる通りの条例ではなくて、地域の縛りがかけられるような目的を入れ込んで、自治体は入札するにしてもこの目的に合ったような入札をしたいというふうにすれば、国も条例で縛りがあるなら認めましょうということになりやすい。先ほど話したのは、そのための工夫です。そうすると、ハウスメーカーとの差額を補助金で出すにしても、国の補助金が入ってくるので、地元の負担は少なくて、さらにそれが地元に落ちるという仕組みができます。そうなると、地元の理解が得やすいと思います。

三井所　今の話を聞いていると、大部分の仕事がそうなるんじゃないかと思う方もいるかと思いますが、トータルとしてはある割合に納まっています。伝建で指定されている所は本当に少ないです。そういう所くらいはきちんとやってほしいという思いで条例をつくっています。私はもう少し大きくなって、普通の建築をつくる時にも1割か1割5分、2割くらいは費用をあててくださいとお願いしています。今までの大きな流れとしては、「和の住まい」議員連盟、インバウンド等の現象を見ていると、こういうこともいいことだと思います。

問　今日は木造の話ということで、都市部における木造の役割は難しい立場にあると思います。例えば、実務の時に多摩産材を使いなさいと書かなければならないのですが、かたや木造を建ててはだめだという部署もあります。そうすると国民が木と触れ合う機会が少なくなってしまいます。次の世代が日本の木と触れ合ったり、愛していくためにはどういった工夫をしていくべきだと思いますか。

三井所　コンクリートの建物の中に木造の座敷をつくった東京都立晴海総合高等学校を紹介しました。あれは外部との関係がないので成立します。木質化と言っています。木質化という言葉と木造化という言葉があります。木造化できない場合でも木質化はできます。学校は内装制限が緩いからできることもあります。

それから、木を木で被覆する燃え代設計という技術もあります。防火の技術の議論が深まるといろいろなことが分かると思いますが、有名な話では京都では通りに面した開口部に格子を付けていますよね。あれは木造が露出しているからまずいと役所が判断した事例で、早稲田大学の長谷見雄二先生は実験をして、格子があることで中に火がうつる時間が延びて、防火的に効果があることを検証し、その後、京都では木の格子を堂々とつくることができるようになりました。これからの研究成果を期待しながら、木も使っていく努力をすることでしょうね。

後藤　今、国土交通省で既存建築の関係で、防火の関係の規制の合理化のために総合技術開発プロジェクトが進んでいます。そのなかの市街地火災ワーキングの主査を私がやっていますが、木を現わした町並みでも残しやすいよう、またもう少し木造が市街地でもつくりやすいように国土交通省もいろいろ考えて平成32年度までのプロジェクトが進んでいます。そこで飛躍的に変わるかどうかは別にして、少しずつ変わって木を使った建築づくりがしやすい環境を国も整えようとしています。一歩一歩、僕はプチプチを潰すと言っていますが、自分が生きている間にどこまでできるか分かりませんが。そういう努力を続けていくことが大事だと思います。

作品紹介

1978 年　有田町歴史民俗資料館

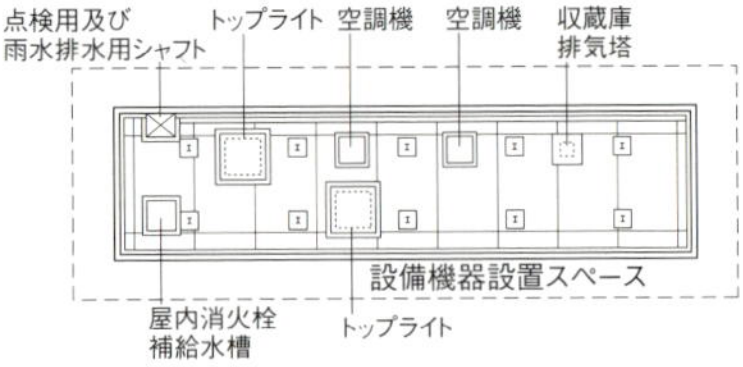

屋階平面図

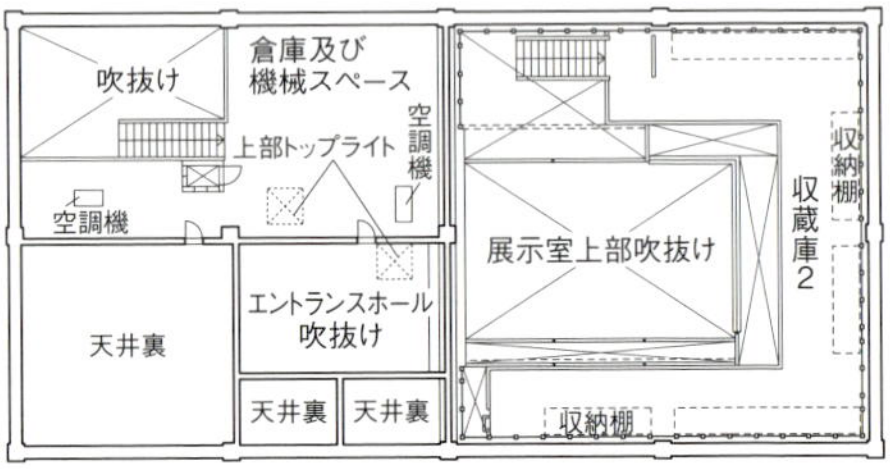

2 階平面図

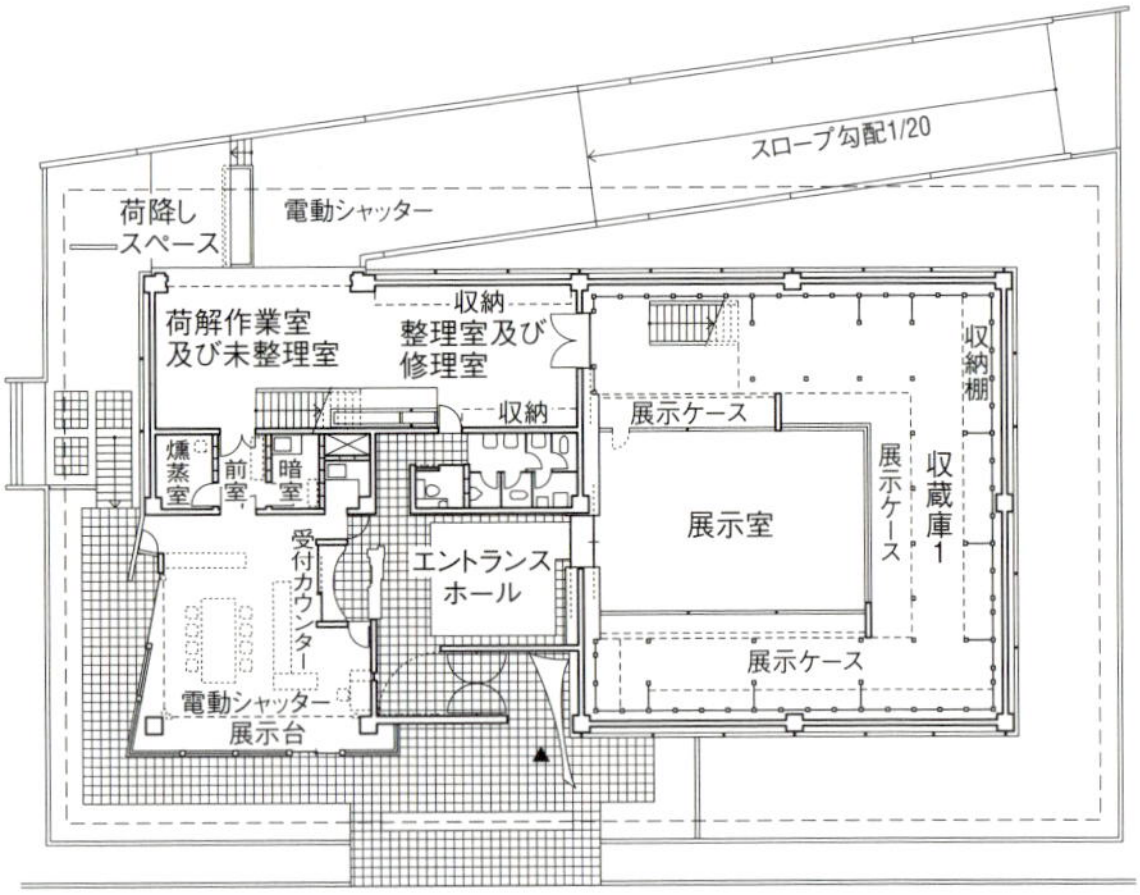

1 階平面図　1/500

建物名——有田町歴史民俗資料館
所在——佐賀県西松浦郡有田町泉山1-4-1
用途——資料館、展示
設計——内田祥哉＋アルセッド建築研究所
竣工——1978年
規模——RC造２階建
建築面積—618.97㎡
延床面積—643.592㎡

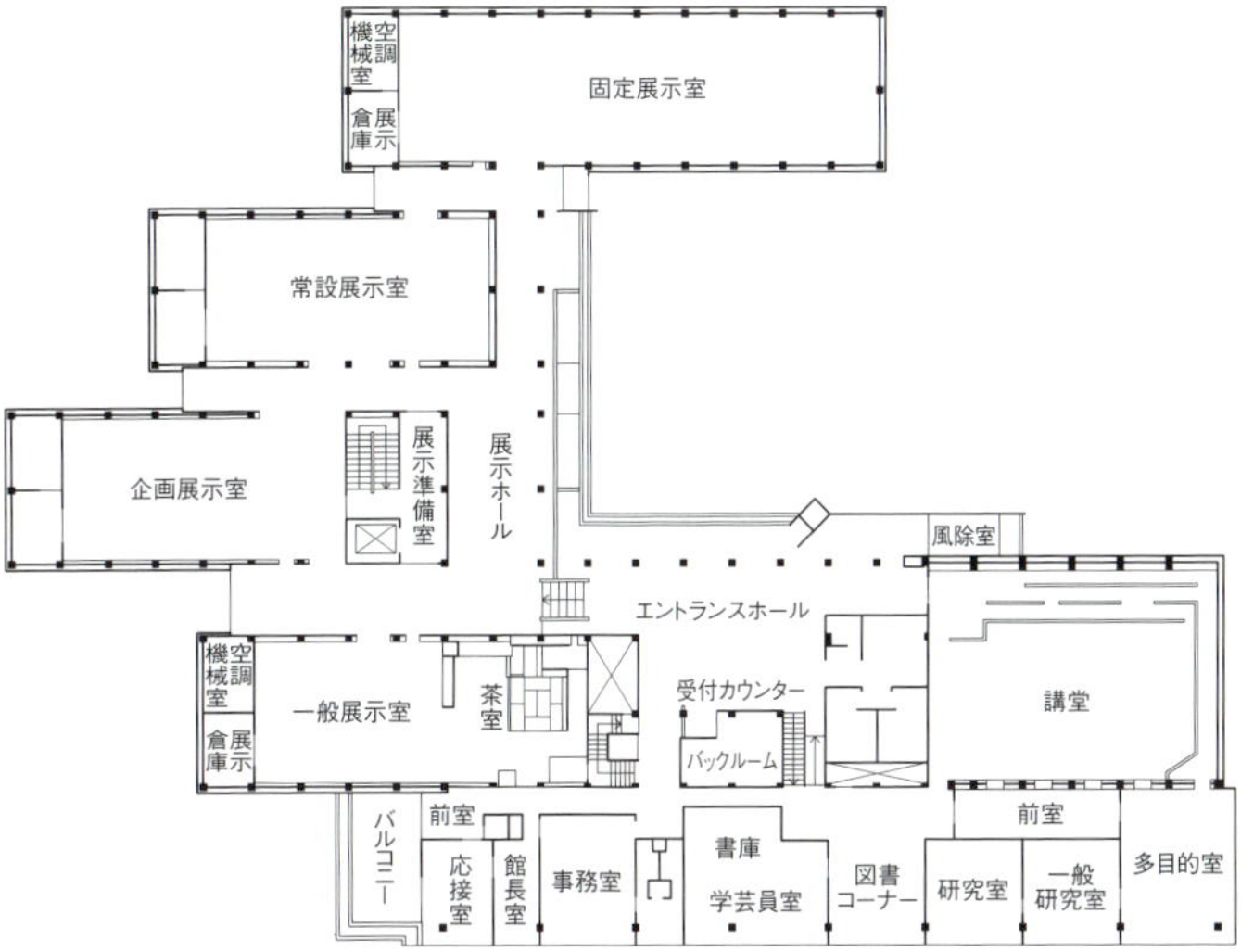

2階平面図

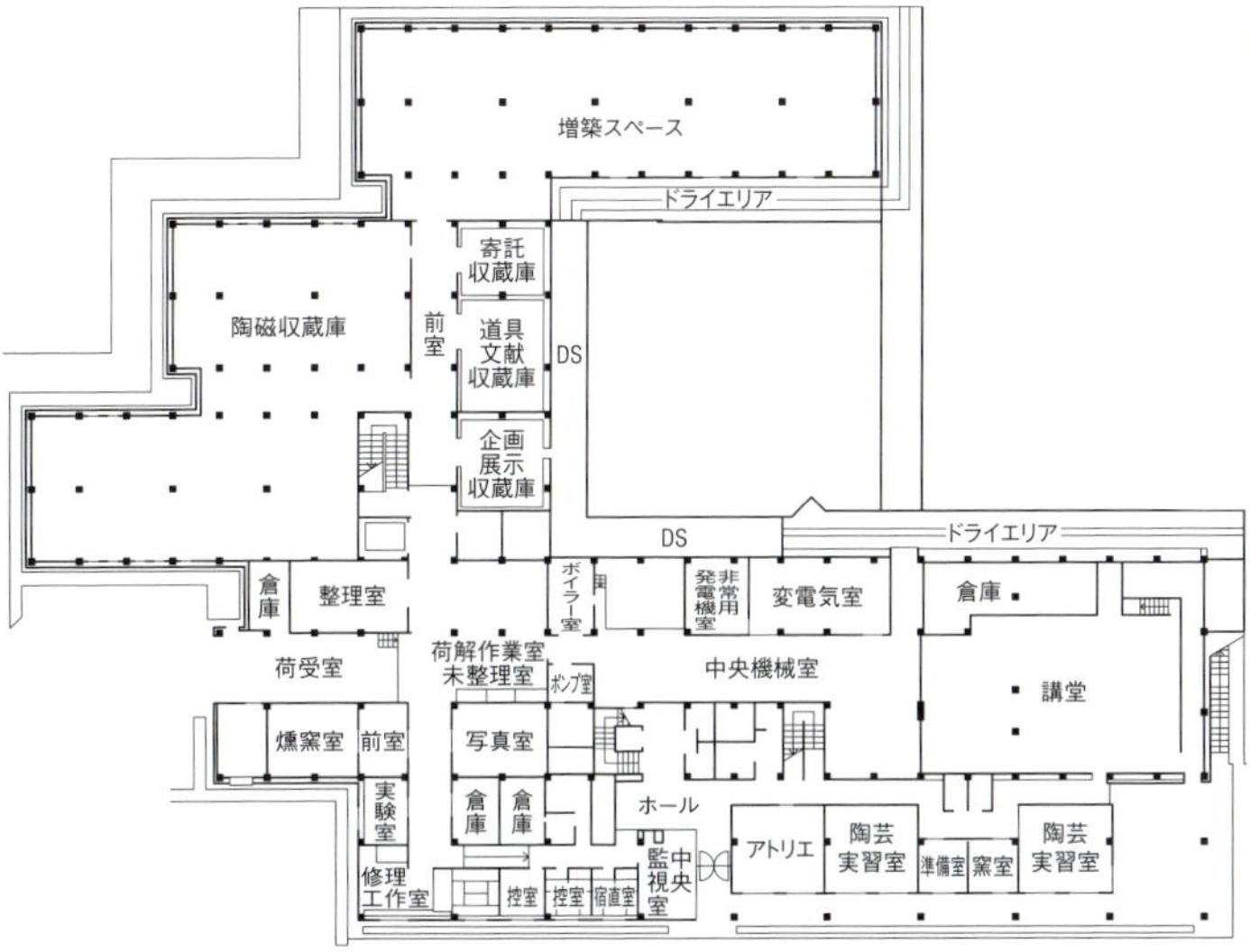

1階平面図　1/1000

写真＝新建築写真部

建物名――佐賀県立九州陶磁文化館
所在――佐賀県西松浦郡有田町中部
　　　字田ノ平乙3,100-1
用途――博物館、広域文化施設
設計――内田祥哉＋アルセッド建築研究所

竣工――1980年
規模――RC造2階、一部3階建
建築面積―3,767.61㎡
延床面積―5,966.89㎡

1982年　山口邸

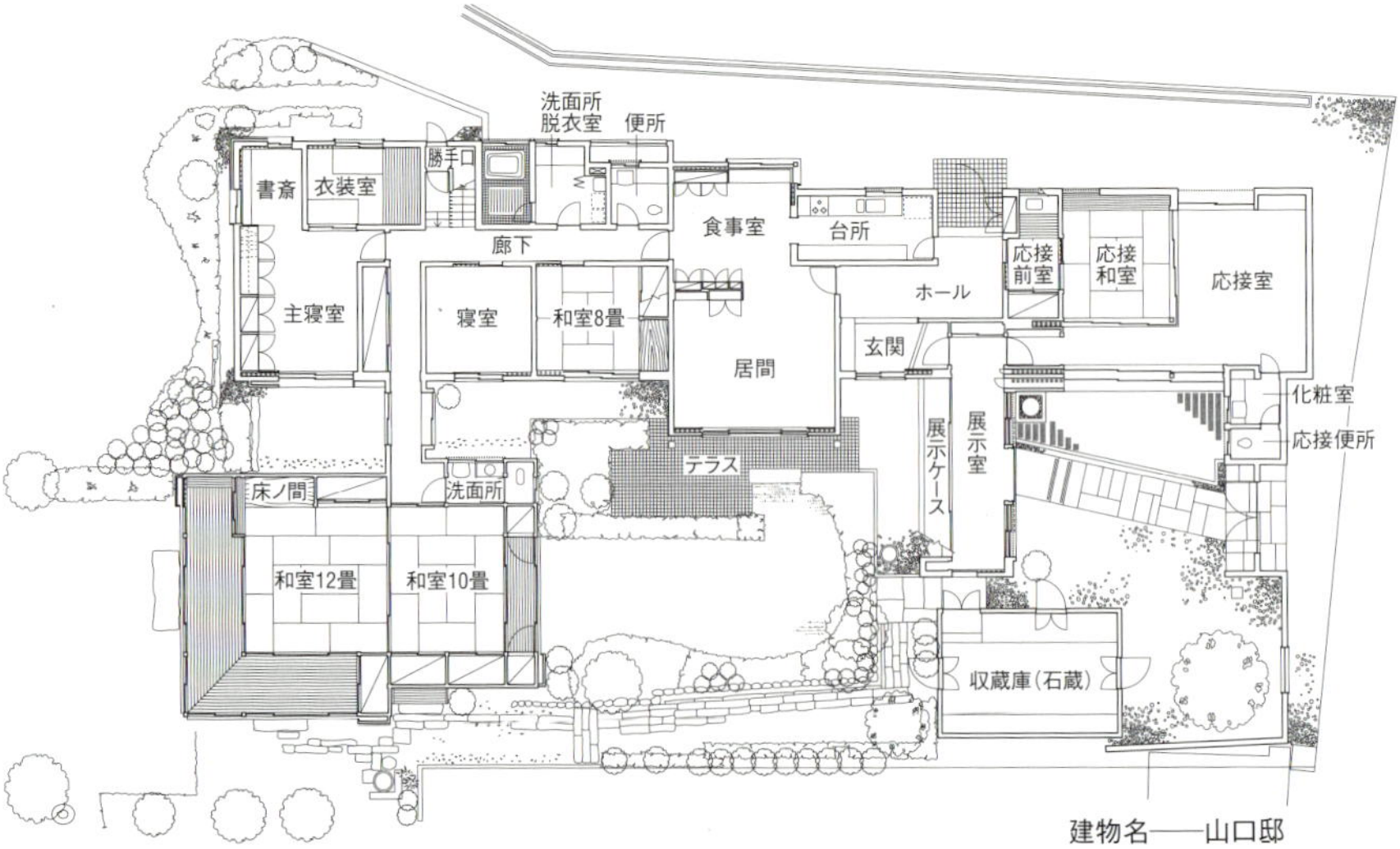

1階平面図　1/500

建物名――山口邸
所在―――佐賀県西松浦郡有田町
用途―――住宅
設計―――アルセッド建築研究所
竣工―――1982年
規模―――木造2階建
延床面積―417㎡

すまい考
——和風体験を通して

三井所清典

有田・山口邸の意匠は、和風を基調にしている。しかしこの和風は、日本の書院造りあるいは数寄屋の正統を継いだものでも、有田郷に最も多く残っているこの地の伝統の造りでもない。それは、山口邸では日本の正統の和風を再現したり、古い有田の民家を再現することを、目的とはしていなかったからに他ならない。

まちづくりとしての和風

山口邸は、江戸文政年間以降の古い民家が現在も残っている有田の旧道に面しているため、この旧道、あるいはこの辺りの集落の町並みを壊さないというより、むしろ積極的に町並みづくりに寄与することを環境上の最も重要なテーマに掲げていた。そのため、古い集落の中にあっても「奇異でない」という「外観」にしたわけである。

しかし、活気ある現代の住居をつくるわけだから、江戸時代や明治あるいは大正期の住居を写しても始まらない。

有田の町並みづくりは、一つは、古い民家をそのまま残すことに努めること。これには部分的に変更の手が加えられて、しかも外から見て見苦しさが目につくものは元に戻すように努めることも含まれる。二つは、見えがかり部分だけを古民家に調和するよう、改築または新築すること。三つは、必ずしも古い民家の写しではないが、時間の経過と共に町並みに馴染んでくるものを新築すること、以上の三種があると考えている。一は、今日もその中で生活あるいは商売が行われているだけに、一般的には保存は難しい。しかも民家にありがちな薄暗さは有田の民家にもある。しかし有田では今日でもその中に商品の有田焼を並べて商いしている家が多く、最近になって新規《モダン》な店より、古い民家の店の方が楽しく買い物できる雰囲気も理解され始め、保存の光明も見えてきた。

二は、デザインの方向と質の問題を除けば、一般的な通りづくりの手法とも考えられる。たとえば旧道を「有田赤絵通り」とでも言い換えて、古伊万里や柿右衛門、鍋島様式の焼物を製造し、販売している集落のイメージを現わす店構えを開発すれば、比較的可変性は高い。もちろん看板のような薄っぺらな面《つら》一枚というのではなく、彫りのある面で、襞《ひだ》や翳《かげ》りがあり、奥行きのあることが望まれる。

山口邸は、第三の分類に当てはまると自分では思っている。

三つの分類には、それぞれの幅があり、それぞれの中間的なものもある。特に第三の分類には幅が広く、伝統的なものから近代的な建築まで包含されるはずである。山口邸は伝統的なもので、前庭を囲む部分を外部に対する面《つら》とみるなら、第二の要素ももっていることになる。

このように山口邸は、古い家並みの続く通りにあって、町並みづくりに積極的に参加する意味から、必然的に和風の要素を取り込んだ現代建築を提案したのである。

有田・山口邸への提案

山口さんの家族は、リベラルで近代的なセンスをもった人達であった。当然、新しい住宅には合理的な生活ができることを強く望まれた。それだけに古い町並みを強く意識した計画に、一抹の不安ももたれているようであった。提案する住宅は外面と内面の二面性を、あるいは外見上和風の空間と実生活上の合理的な空間とを工夫したものであったが、それを十分に理解してもらう必要があった。

設計のコンセプトがまとまった頃、建主を東京の私の家に招いた。もちろん計画の説明をするためであったが、設計者を理解してもらうために、私の家を見せる目的が主であった。私のすまいは集合住宅の2階で、戸建ての山口邸とは基盤は異なっているが、内部は自分で設計したもので、私の設計の質《たち》について、おおよその見当は付けてもらえると思ったのである。私のすまいには和室がない。床と天井をまず水平に工事して、そこに床から天井までの収納間仕切で仕切り、収納の下と便所、洗面所及び浴室の床以外は、すべてカーペット敷きである。したがって、畳や木の柱はなく、さらに外周の窓には障子もついていない。ただ、リビングルームの生活は、低いテーブルを囲んで、主として床に直接腰を下ろして座っている。わが家は腰掛けるより座る生活が好みで、この点は和風といえる。

山口邸の居間、食事コーナー、厨房、主寝室や子供室の考え方、収納のつくり方、便所、洗面所、浴室の基本的なつくり方など、空間の機能について納得してもらった。これらは山口家の基本的な生活空間であり、これに老夫人の寝室と小座敷とが加わって山口家の私的な生活空間のすべてとなる。老夫人の寝室と小座敷は自然と和室になった。

このように山口邸の私的な「居住区」については、和風と言う意識はそれほど強くなかった。提案した合理的な近代的生活空間は、取り壊す前の山口邸にはなかったもので、わずかに道路に面した旧応接室だけが、いくらか近代的な設えになっていた。

結局、非日常的な応接空間を伝統的な雰囲気のある和風の空間につくり替え、日常生活の私的な居住区を近代的なものにして、これまでと逆転する提案をしたわけで、これは町並みづくりと家づくりを両立させる方法として、この場合極めて自然で、定石的な手法だと思っている。

私的居住区における和風の意識

前庭を含む石蔵、門、展示室、土間的な応接間と上り座敷、さらには路地や塀に続き、裏の離れに囲まれた居住区を全く異質と感じるようにはしたくなかった。

屋根瓦と白壁とを外観の連続要素とし、外部と内部にわたる要素に障子を採用した。障子に和らげられる陽の光は、部屋の中を日本人の原体験をなつかしむ気配が支配する空間に仕立て上げる。あの細い骨と薄い和紙による、一見弱弱しげな障子ほど大きな魔力的な力を空間に及ぼす「もの」は少ない。貼り替えられた新しい和紙と凛凛しいリズムをつける細い桟との対比は、透過してくる清澄な光さえあれば、空間になごやかさを生み出す効果は十分で、そこには畳がいらないほどである。光による和の効果を上げるため、漆喰壁の色調で柔らかい雰囲気を醸しだす壁紙を壁全面に貼り、白く塗装した。和風の床面は畳が光を反射するくらいに明るくならなければ、奥の壁が暗くなるので明るく落ち着いた素晒しのウールカーペットを敷いた。天井は素木で、これも柔らかな光の反射の効果を配慮したものである。

玄関と居間は、まさに以上のような仕上げで、近代的な「和」の空間ができたかと思う。床、壁、天井がこのような光の環境を演出すれば、時に障子を開け放しても、雰囲気はさして崩れない。

私事にわたるが、私が建築学を学び始めた1960年頃、清家清の近代的な日本的空間（伝統的でない和風）を見て、強い衝撃を受けたことを覚えている。清家の洗練されたプロポーションに凄さや、自邸にみられる縁台のような畳の扱い、大きな上げ下げ窓、地下へ降りる階段の扱い、暖房を仕込んだ石の床、雨戸に変わるガラリ戸など、からくり的な道具立ての新鮮さに心酔した時期があった。なかでも彼の扱う障子にはなにか目の眩む想いがするようであった。また清家とは別の意味で、吉村順三の伝統的素材にこだわらないで、日本的な空間をつくりあげる技も、強く私の意識の中にあった。

緊張空間としての和室

私的居住区はすべてが日常空間である。

さきに述べたように、なつかしさと和やかさがそれぞれの空間に充たされていることを願っている。しかし今日の多くの住宅は、規模の制約もあって、あまりにも馴れきった、けじめのない空間だけからできている。残念ながら私の家もそうである。私は、ここにすまいと家庭の新しい問題があると考えている。このような緊張した空間のない家、緊張する時間のない生活のみでは、夫婦あるいは親子の関係が正常に成長しないのではないか。家族の中で極めて重大なコミュニケーションや文化の伝承は何らかの形式を伴うものである。しかもその形式はたんに和やかな空間のみでは演じきれないものが多い、と私は考えている。そこには非日常的な緊張の空間が必要である。

日本人にとって、そういう空間には畳が必要である。掃き清められた畳ほど、清浄さと厳粛さとを醸しだす床はない。これは板の間にもカーペットの床にもない独特のもので、われわれの祖先が千年の歴史の中で、この床の上で営々と諸々の生活様式をつくりあげてきたからであろう。

床の間は印象的な空間である。やはり緊張した空間には欠かせないものである。戦後一時、資材の不足もあって、封建的な旧弊の象徴として近代的な家づくりかたら消されていたが、今日では、むしろ住空間に緊張のない弊害が出てきていると私は考え、できるだけ床の間を設えた、緊張感にあふれた部屋づくりを薦めている。また、最近の家は、客を迎えるのに不都合にできている。それは居間と応接間の機能を重ねたためで、このような家では、来客の際に家庭の生活が中断される。これでは家に客を招くことが自然に少なくなる。巷に喫茶店やバー、料亭の数が多いのも、このような住宅事情によるものだと思う。人を家庭に迎えて親交を深め、その交際が自然に家族にも伝播するようになりたいものである。

山口邸には二つの和風の接客空間がある。表庭と一体となった「応接間」と、裏庭と一体になった「離れ」である。表の接客空間は、いわば開かれた応接間で、応接土間と上り座敷からなり、民家的風情で、落ち着きと親しみを出している。そして、山口邸を町並みと連帯させる重要な働きをもっている。裏の応接間は、奥なる離れ座敷で、床の間に付書院のある二間続きの広間である。ここでは、静寂と拡張が感じられる。茶会が催されることもあり、老夫人の読経の間として、居住区とも柔らかい繋がりをもっている。

この二つの接客空間は自立性をもつように、それぞれ履物を履いたままで土間や露地を通ってアプローチでき、水屋、洗面所、便所もそれぞれに付設している。居住区との繋がりは、表の板の扉がガッチリ閉まり、離れは普段開放されている。居住区に入る二つの玄関でも、緊張と緩和を表現している。正面玄関は展示室の一部に壁のように仕立て、北の露地から入る内玄関は、透明硝子と格子によって親しみをだしている。

前庭は、石蔵の移築と展示室の格子で和風が強調された。門が長屋門風で、商人さんの家らしくなるので、門の扉は軽い格子戸とした。山口さんの好意で通常は開放されている。また前面の塀の一部に穴を開けたのも、開放感を増したり、告知板に利用するなどして軽さを出そうと努めたところである。

裏の離れは保存に成功した。この離れは仏間でもあるが、広間の茶室にもなって、主人も奥様方も時々利用される。ここは展示室から中庭先の露地を通り、直接利用することもでき、来客が居住区を侵さないですむ。離れは表の応接間以上に「ハレ」の空間で、この書院付座敷は、天状も高く小壁も大きく、格調がある。縁側は廻りの部屋を取り除き一間に広げ、新たしい材に古色を施した。古い座敷は洗われ、締め直され、壁を塗り替え、建具を貼り替えたら、簡素な清々しい和室が蘇った。離れの静かで穏やかな佇まいの中に身を置いたとき、年を経た木肌と新たしい和紙を基調とする簡潔な形と色は、無駄を極限まで切り詰めた和風の技術の神髄に、私は触れたような思いであった。

このように和風を構成する素材を意匠によって、和風の空間には厳しさと楽しさ、緊張と緩和が演出される。和風の「技」は、修養の精神と遊びの精神の融合する、高度に総合的な技術であると私には思えてきた。

『住宅建築』１９８３年１月号より

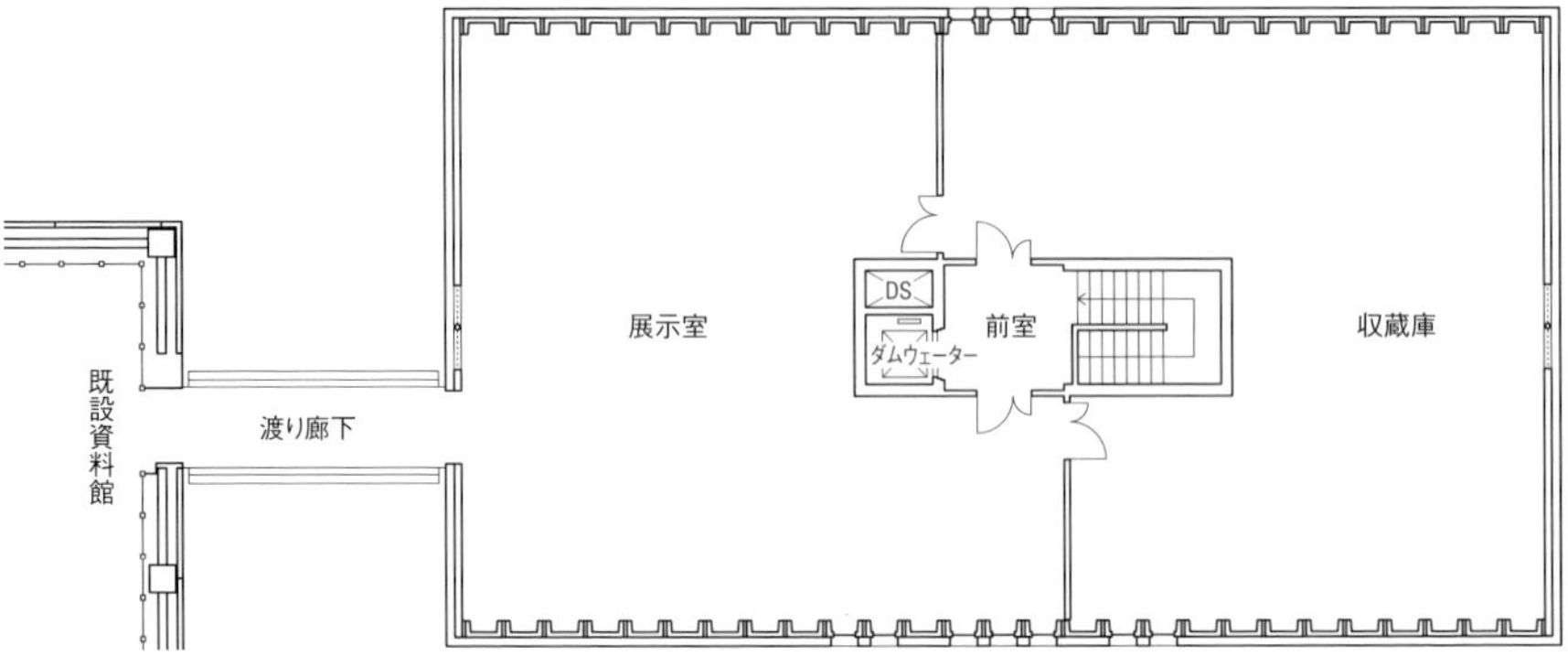

2階平面図

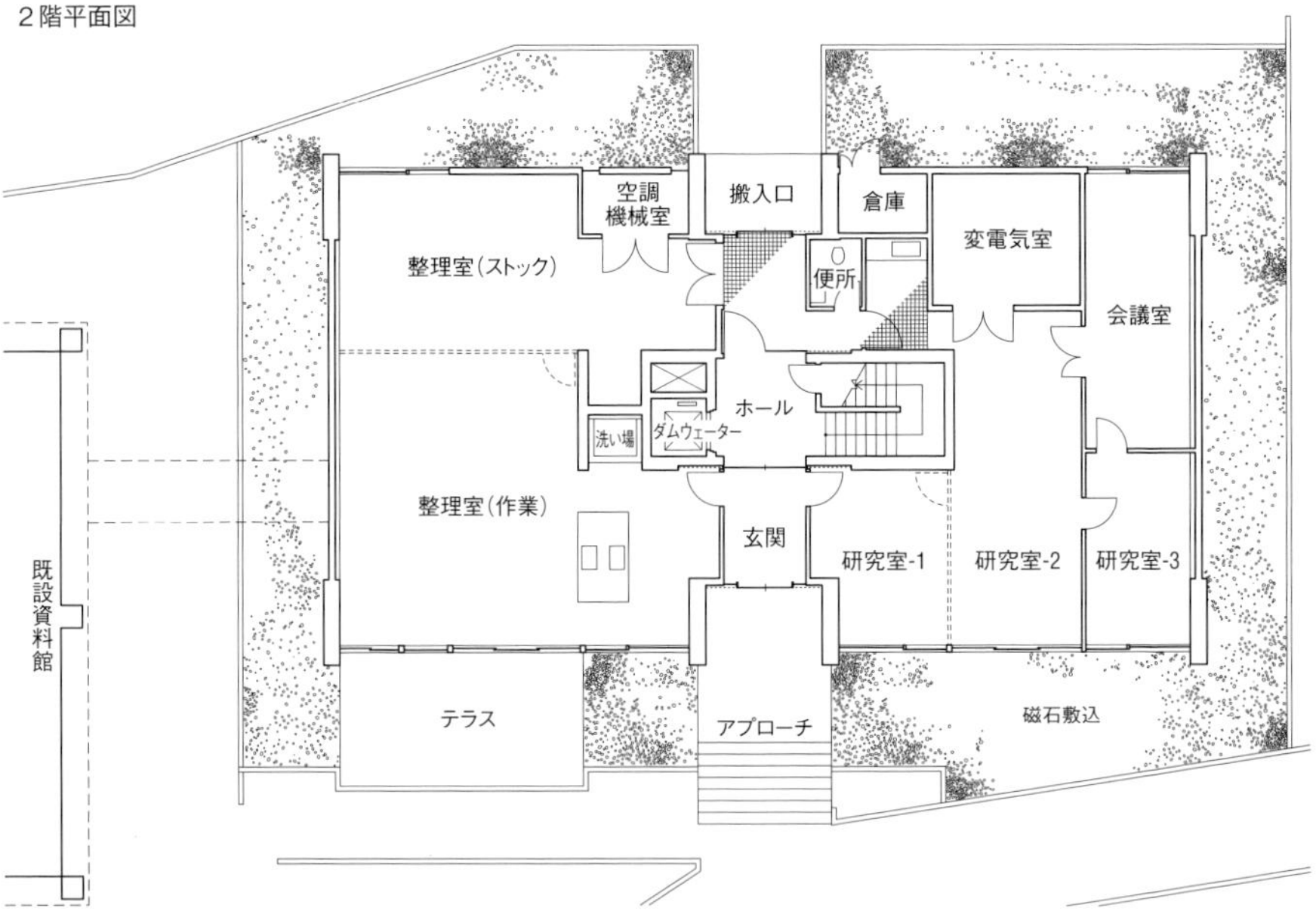

1階平面図　1/300

写真＝新建築写真部

建物名──有田焼参考館
所在───佐賀県西浦郡有田町
　　　　字境松
設計───内田祥哉＋アルセッド建築研究所
用途───展示収蔵研究施設
竣工───1983年
規模───RC、PC造2階建
建築面積─392.7㎡
延床面積─597.7㎡

地階平面図

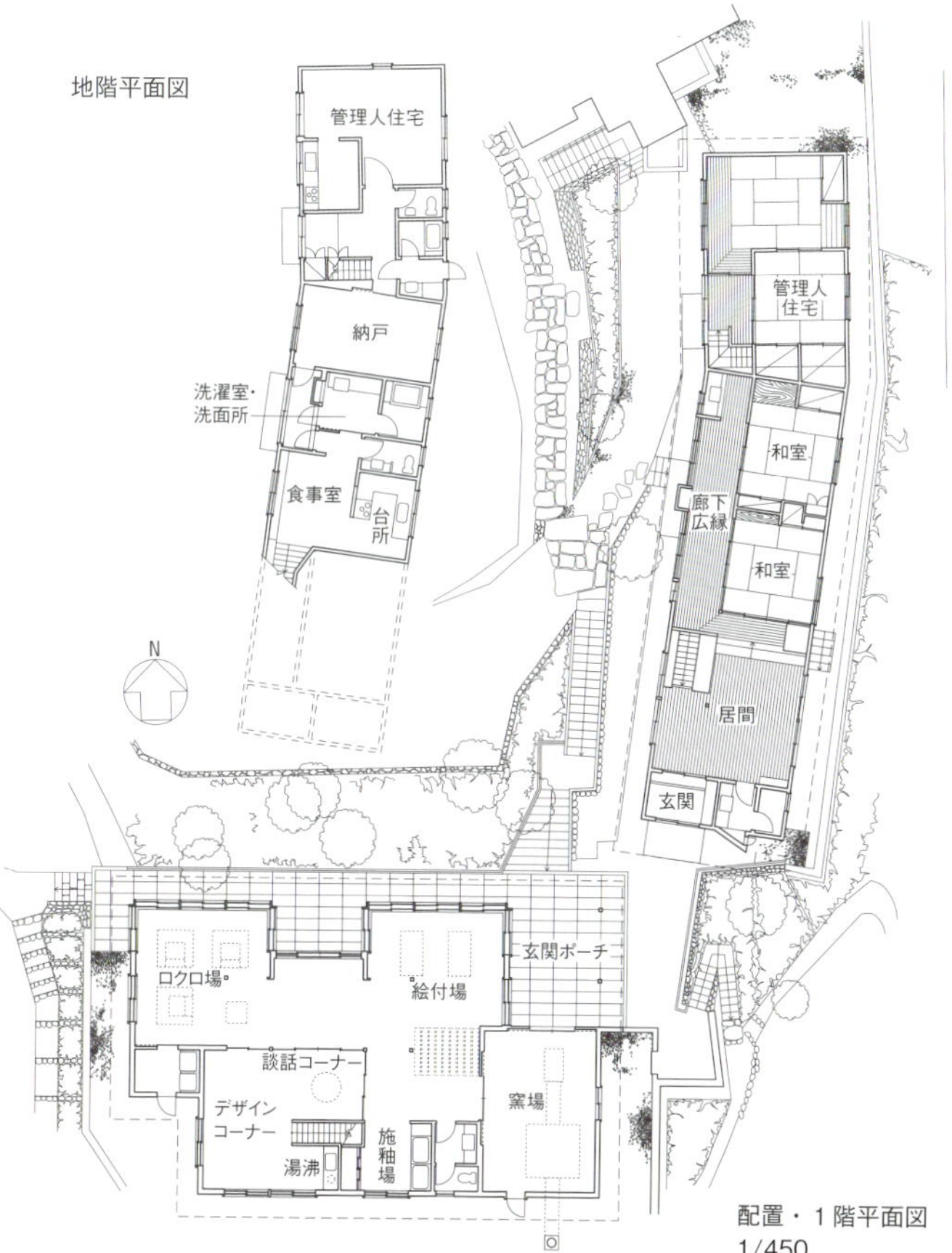

配置・1階平面図
1/450

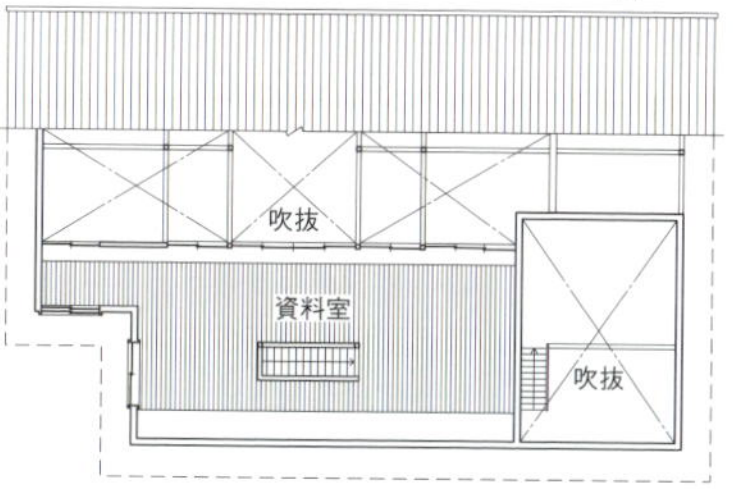

2階平面図

写真＝新建築写真部

建物名――其泉荘
所在―――佐賀県西浦郡有田町保屋谷
用途―――研修施設（作業場＋自宅）
設計―――アルセッド建築研究所
竣工―――1985年

規模―――木造、一部RC壁式構造
　　　　　2階建
建築面積―518.69㎡
延床面積―749.55㎡

1989 年　楽雪住宅

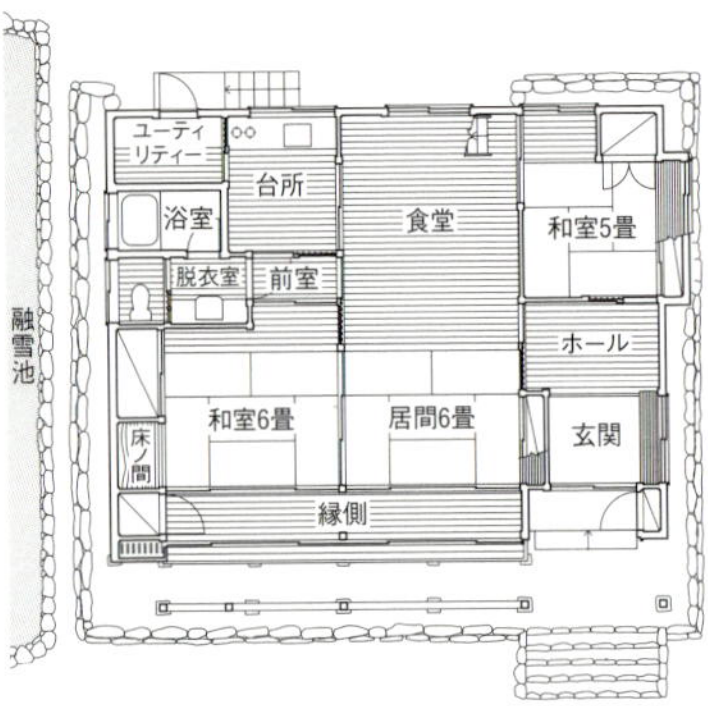

C棟 1階平面図　1/300

A棟　平面図　1/300

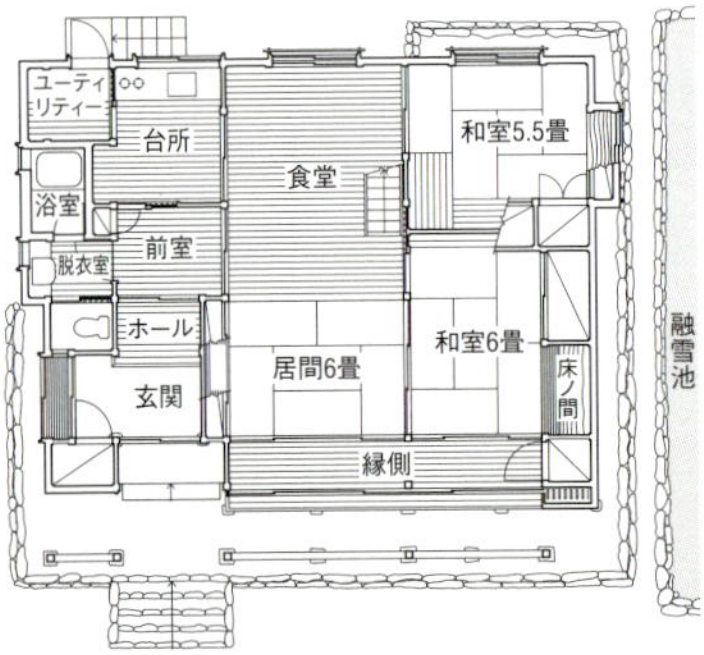

D棟 1階平面図　1/300

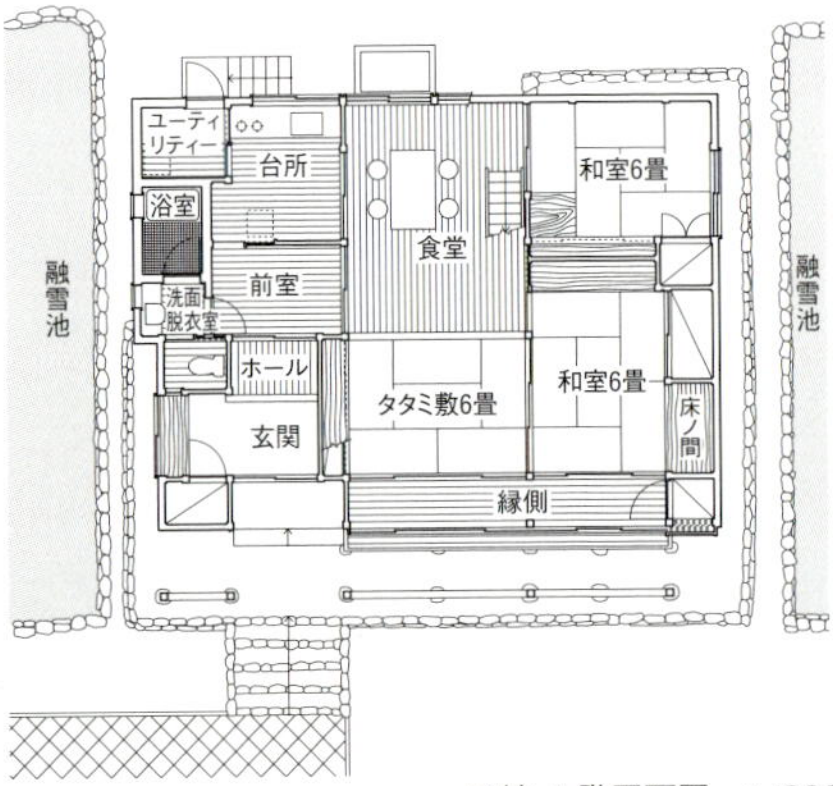

B棟 1階平面図　1/300

上・右写真２点＝風間耕二

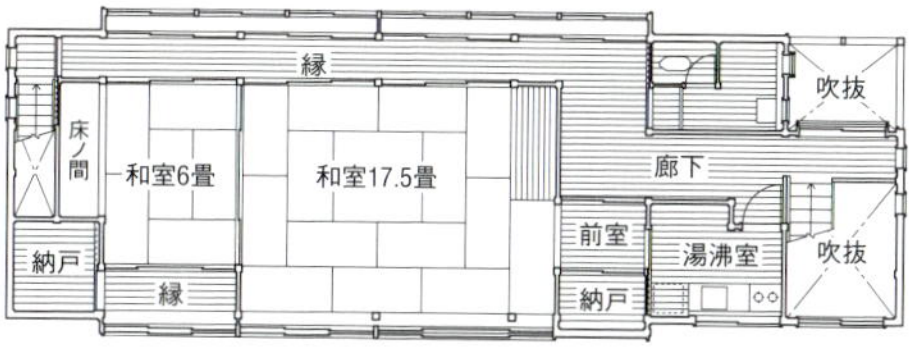

２階平面図

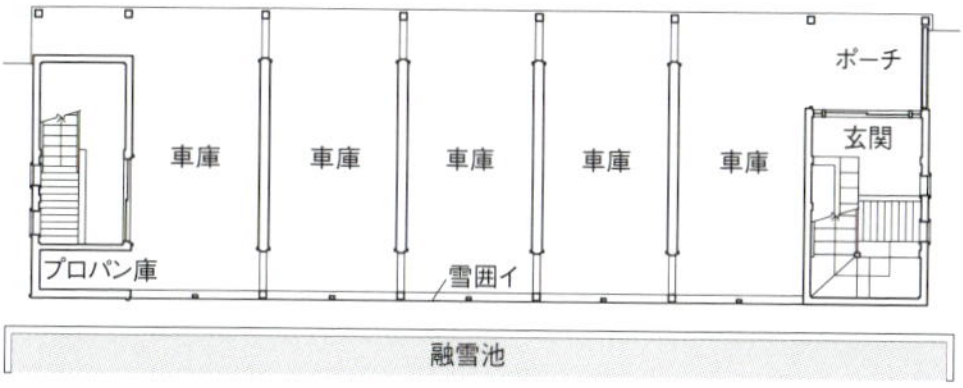

集会棟 １階平面図　1/300

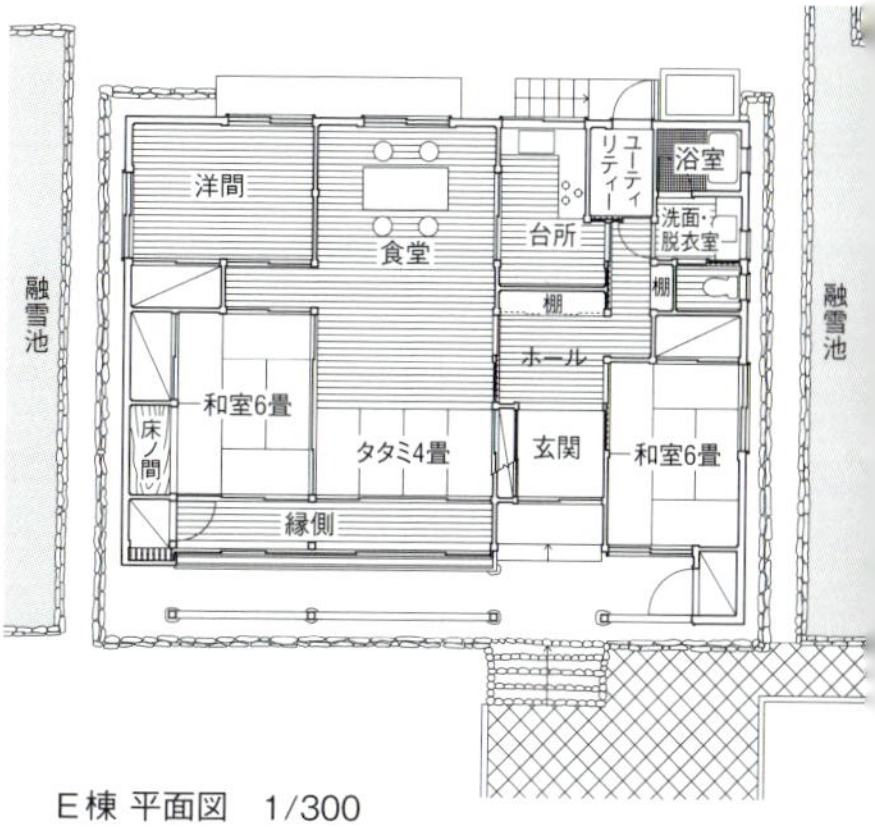

E棟 平面図　1/300

建物名——楽雪住宅
　　　　A ～ D棟、集会棟
所在———富山県南砺市上平村新屋
用途———住宅、集会所
設計———アルセッド建築研究所
竣工———1989年
規模———A、E棟／木造平屋
　　　　B、C、D、集会棟／木造２階建
建築面積—A ～ E棟／ 573.38㎡
　　　　集会棟／ 98.01㎡
延床面積—A ～ E棟／ 538.11㎡
　　　　集会棟／ 181.44㎡

1989年　ふるさとの館

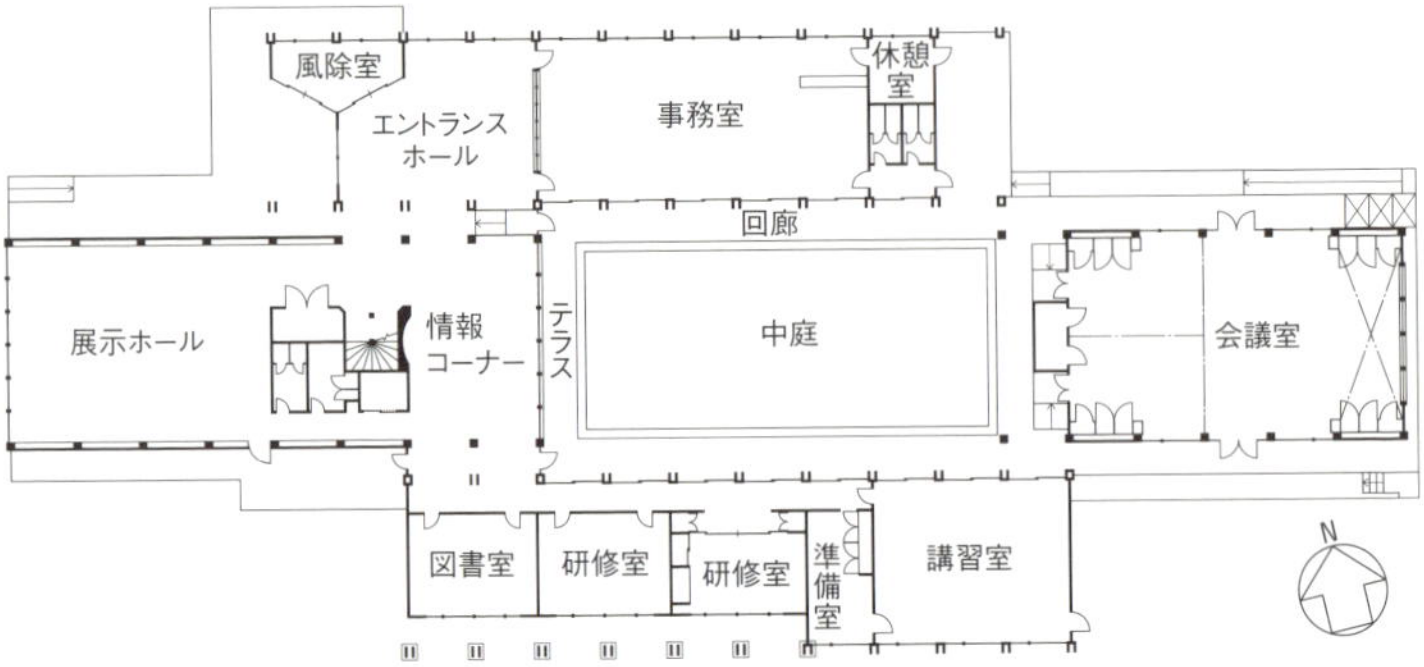

展示棟平面図　1/800

建物名——ふるさとの館
所在———千葉県千葉市三角町656番地の3
用途———展示・研修・集会
設計———アルセッド建築研究所
竣工———1989年
規模———木造＋RC造平屋
建築面積—1,580.76㎡　　延床面積—1211.96㎡

1995年　楽今日館

建物名——楽今日館
所在———富山県富山市岩稲
用途———温泉施設
設計———アルセッド建築研究所
竣工———1995年
規模———木造2階建
延床面積—2,645㎡
写真2点＝風間耕二

1996年　東京都立晴海総合高等学校

建物名——東京都立晴海操業高等学校
所在———東京都中央区晴海1-2-1
用途———学校
設計———アルセッド建築研究所
竣工———1996年
規模———PC、RC、S造7階建＋搭屋
建築面積—7,654.23㎡
延床面積—30,870.46㎡

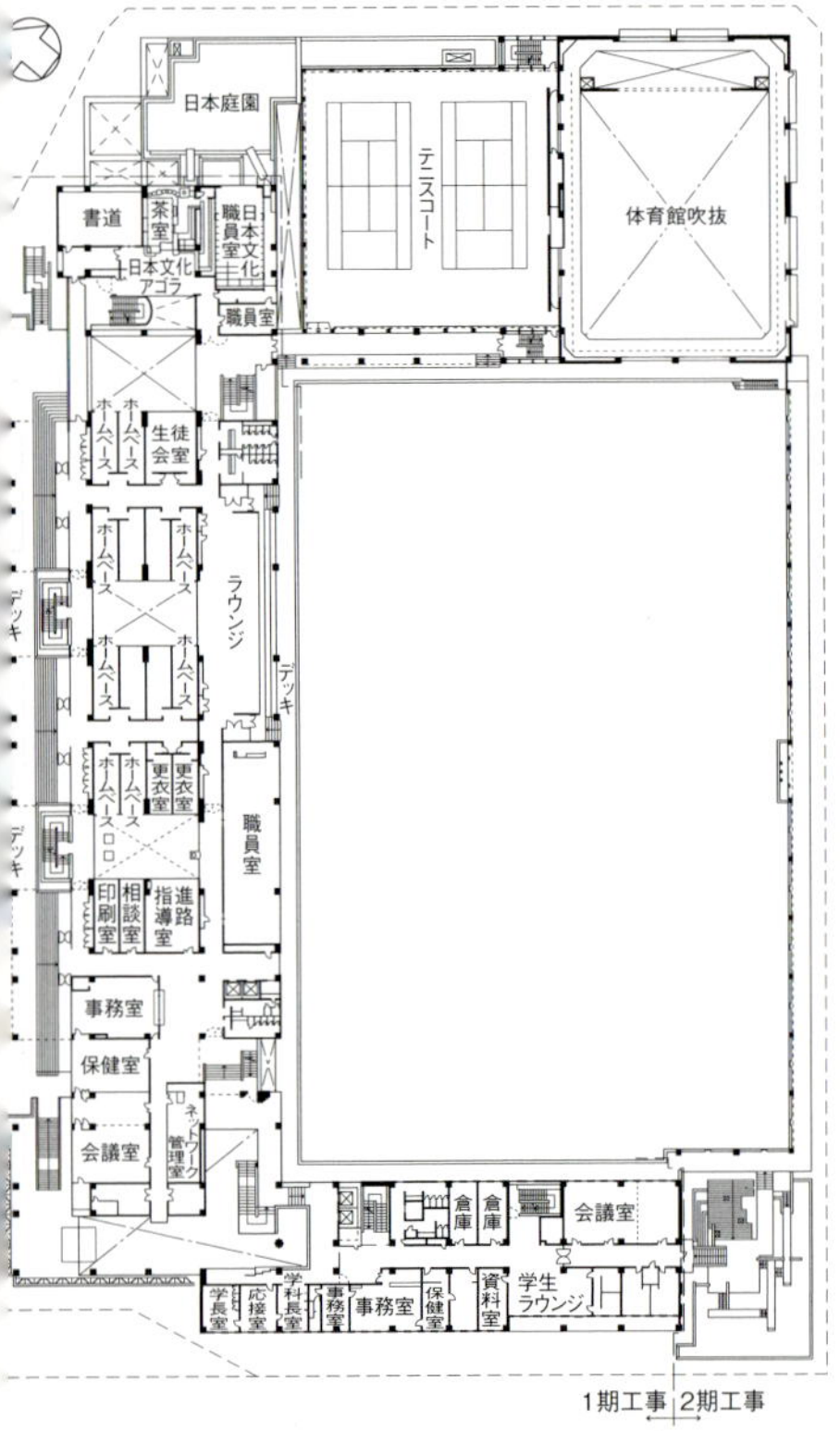

2階平面図　1/2000

写真3点＝三輪晃久写真研究所

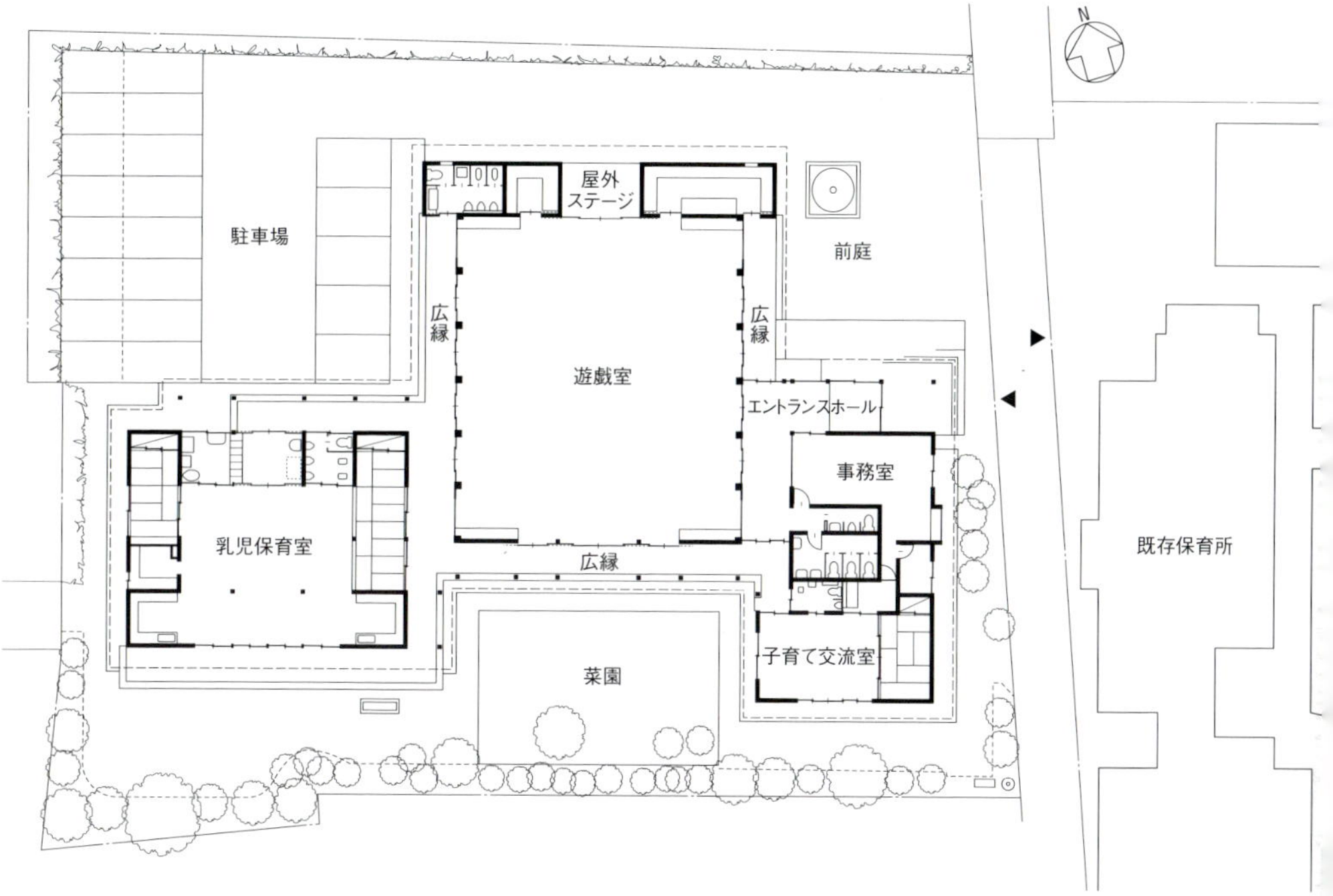

平面図　1/400

建物名――飛鳥学院保育所
所在――奈良県桜井市
用途――保育所
設計――アルセッド建築研究所
竣工――1997年
規模――木造平屋
建築面積―679.6㎡
延床面積―619.16㎡
写真＝新建築写真部

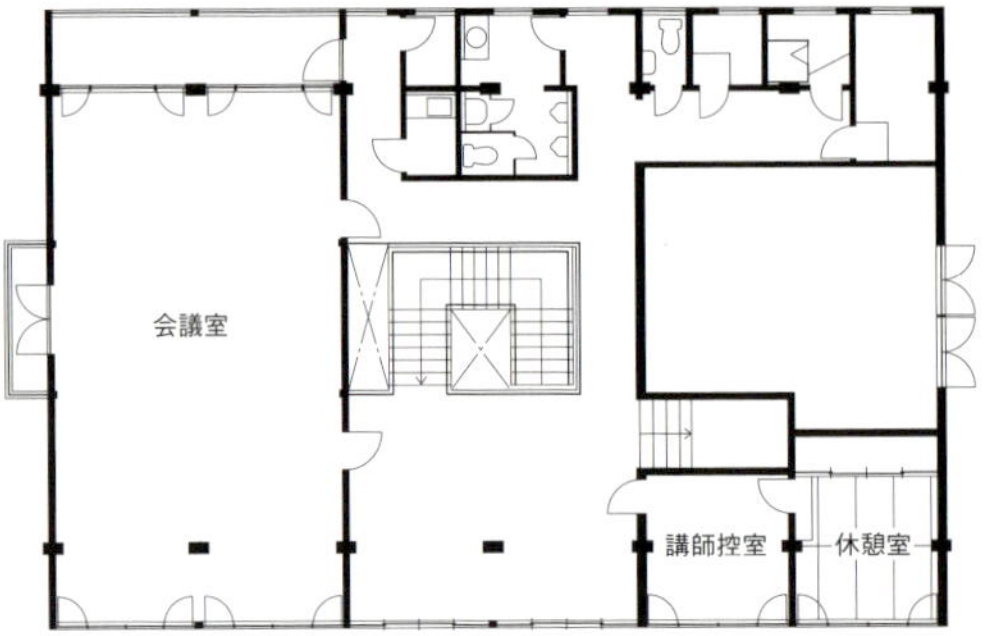

2 階平面図

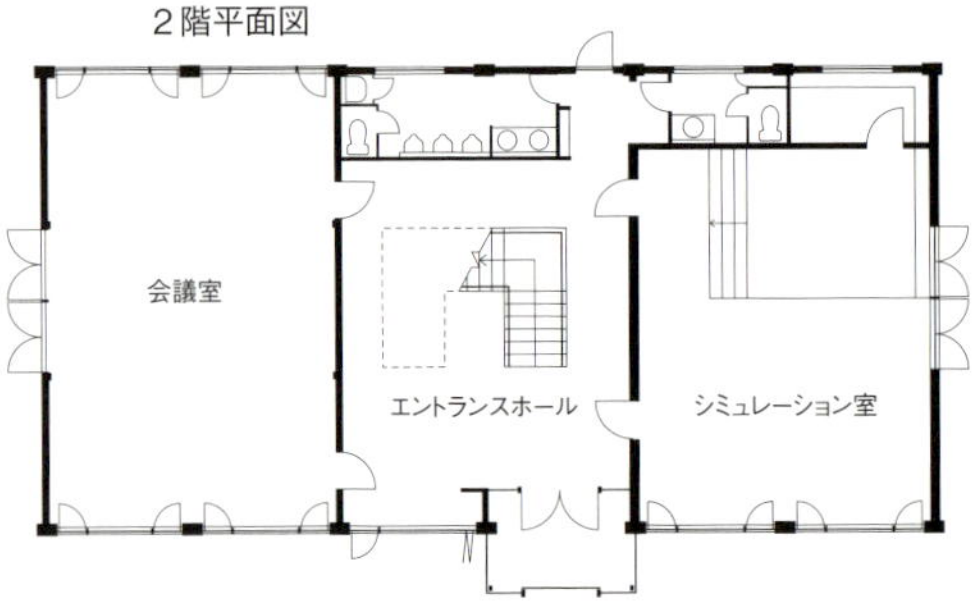

1 階平面図　1/350

建物名――林業機械化センター
事務所棟
所在――群馬県利根郡利根村
用途――事務所
設計――アルセッド建築研究所
竣工――1999年
規模――木造２階建
建築面積―342.66㎡
延床面積―485.72㎡

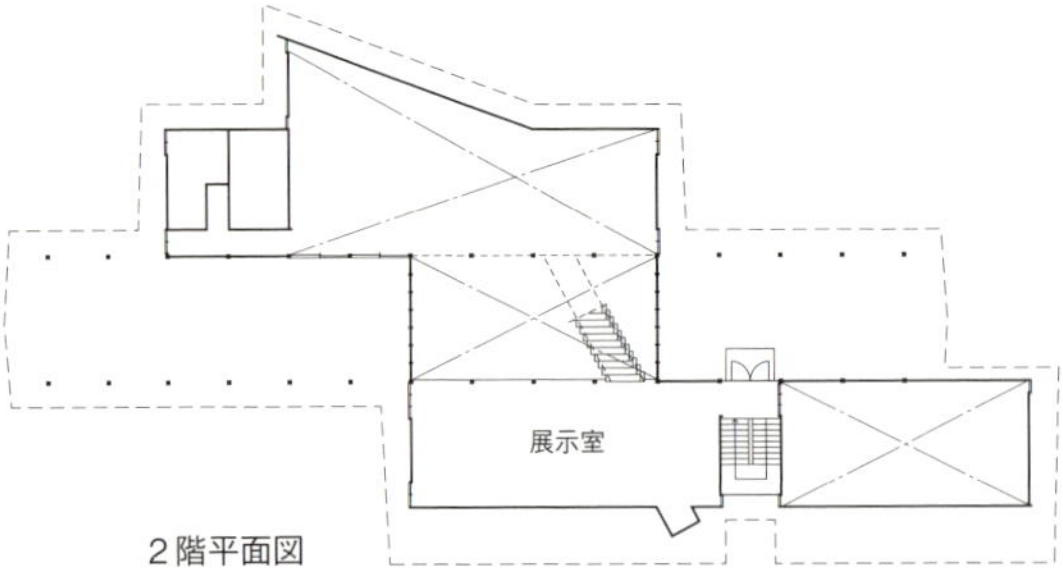

2 階平面図

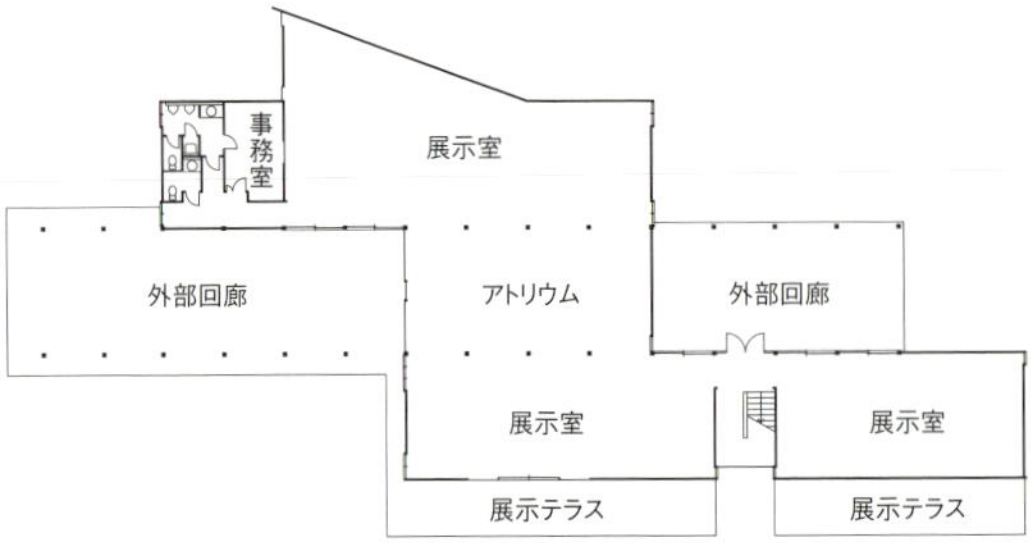

1 階平面図　1/750

建物名――林業機械化センター
展示棟
所在――群馬県利根郡利根村
用途――展示場
設計――アルセッド建築研究所
竣工――1999年
規模――木造２階建
建築面積―679.94㎡
延床面積―684.62㎡

2001年　宮崎県木材利用技術センター

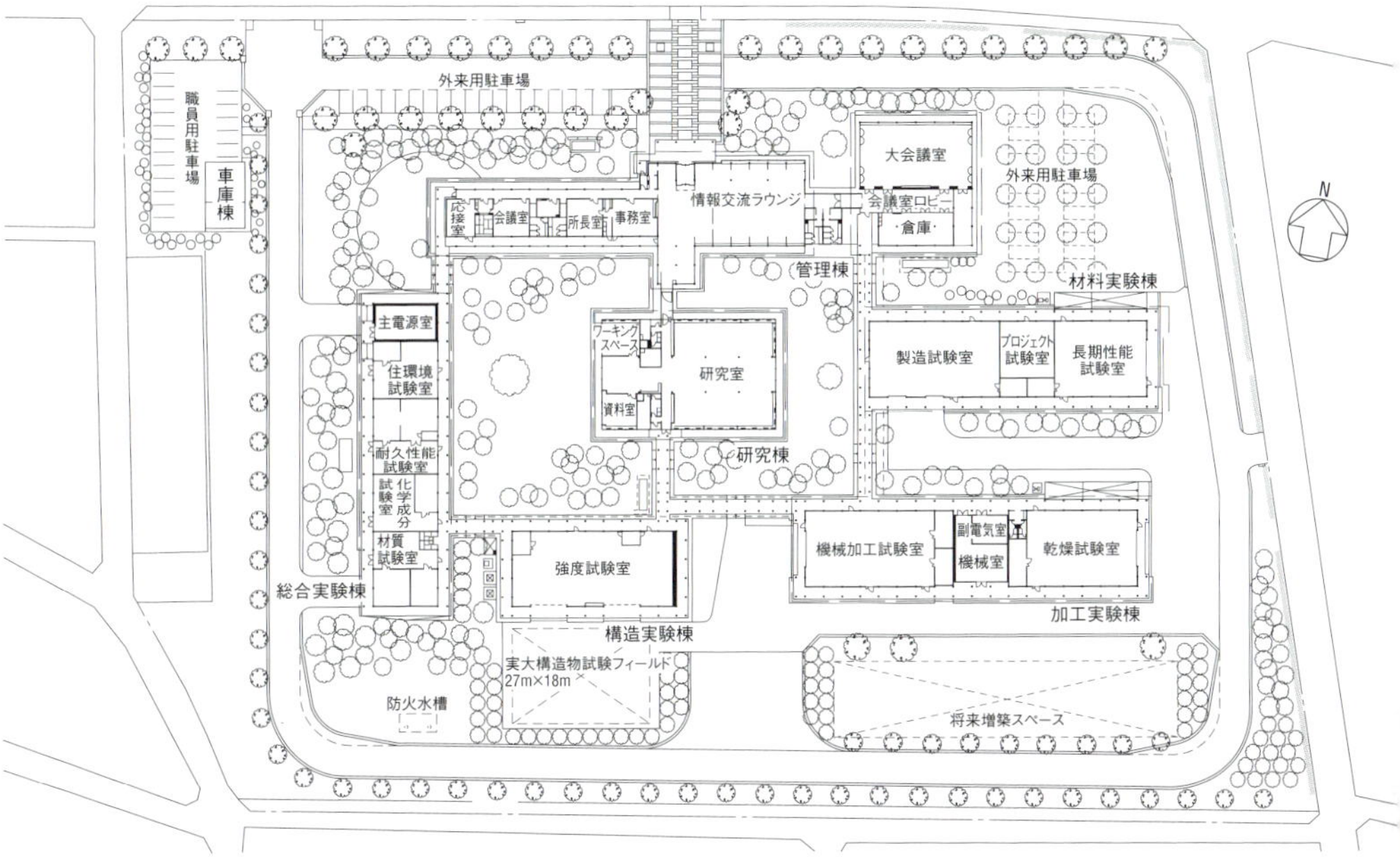

平面図　1/2000

建物名——宮崎県木材利用技術センター
所在———宮崎県都城市花繰町21-2
用途———木材利用研究所
設計———アルセッド建築研究所
竣工———2001年
規模———木造、一部RC造平屋
建築面積—6,812.76㎡　　延床面積—5147.98㎡

写真2点＝小川泰祐

2002年　永明院　五重塔

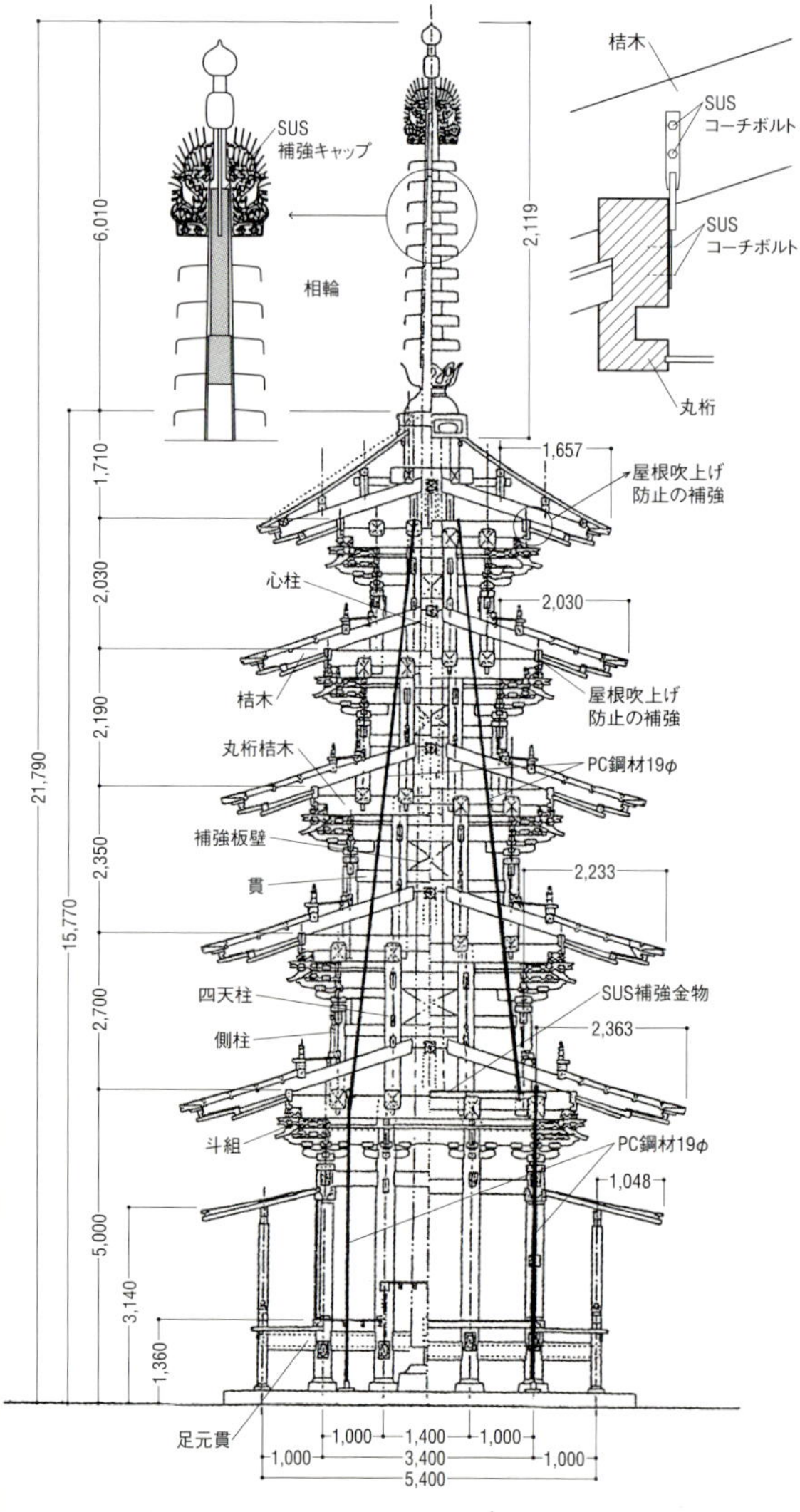

断面図　1/150

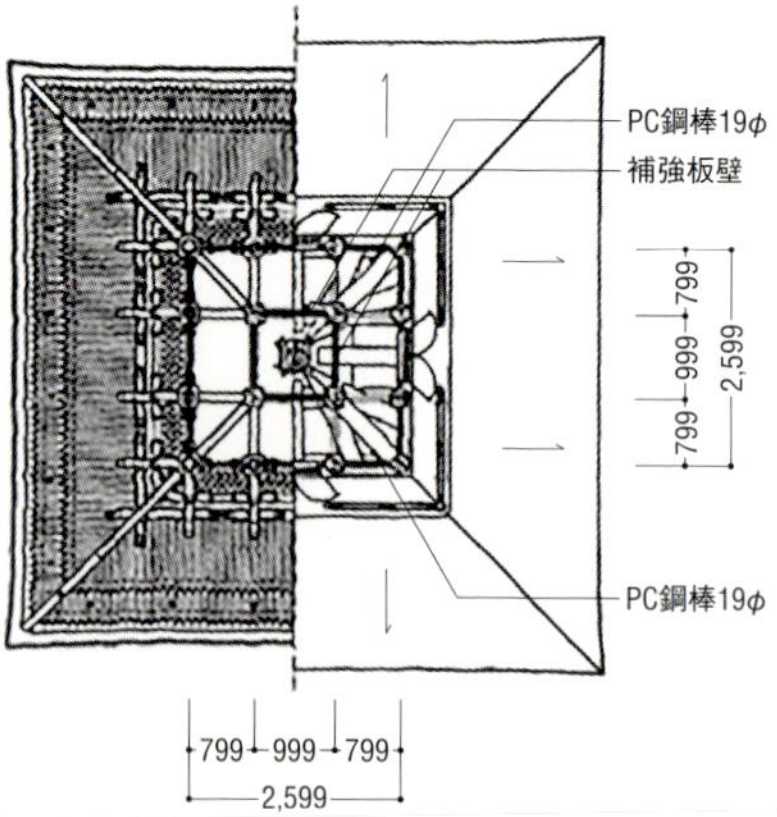

屋根伏図　1/180

建物名――永明院　五重塔
所在――富山県氷見市
用途――供養塔
設計――アルセッド建築研究所
竣工――2002年
規模――木造、高さ22.3m

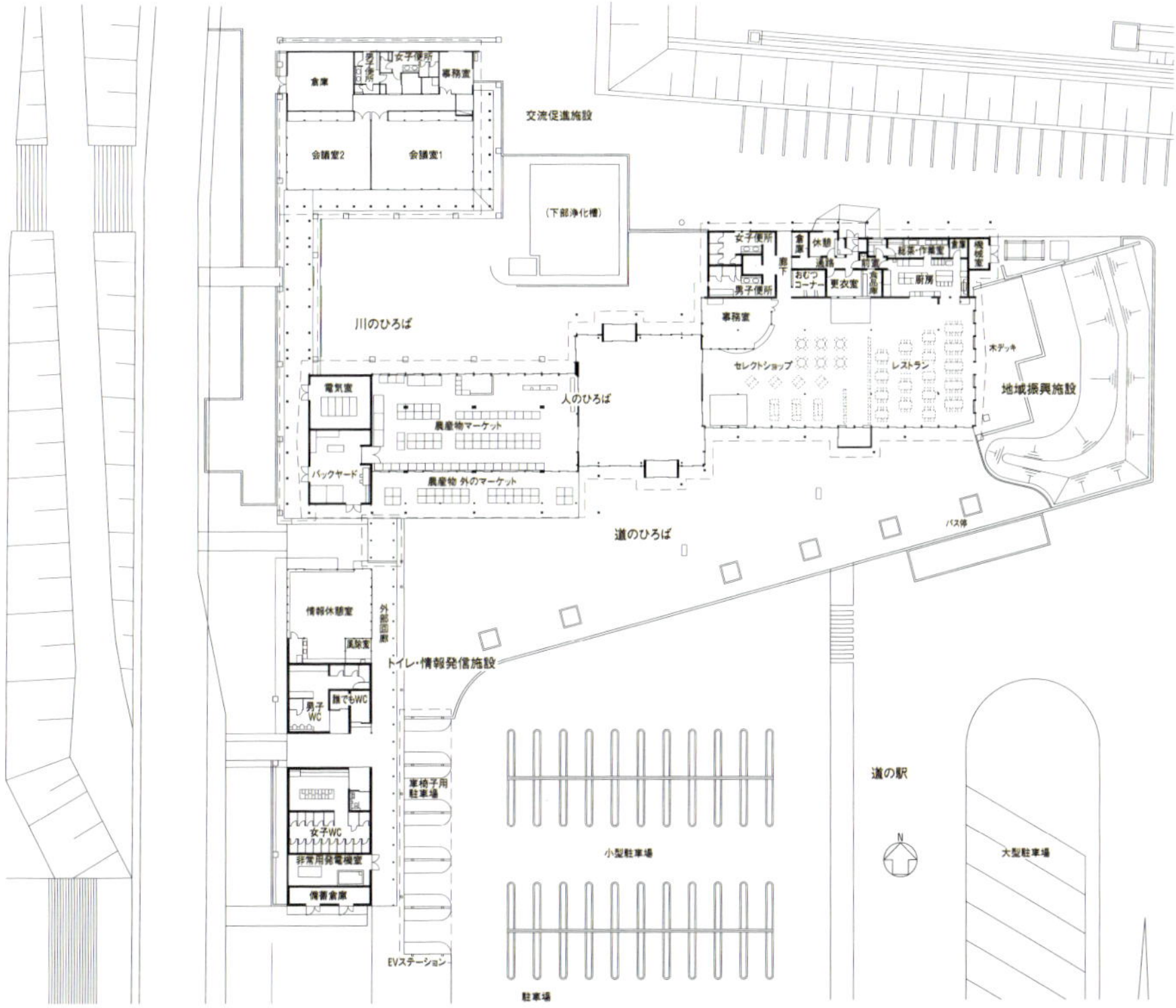

平面図　1/1100

建物名――道の駅あいづ
湯川・会津坂下
所在――福島県河沼郡湯川村
大字佐野目字5
用途――道の駅
設計――アルセッド建築研究所
竣工――2014年
規模――木造、一部耐火木造平屋
建築面積―345.92㎡
延床面積―291.49㎡
写真3点＝浅田美浩

2019 年　屋久島町庁舎

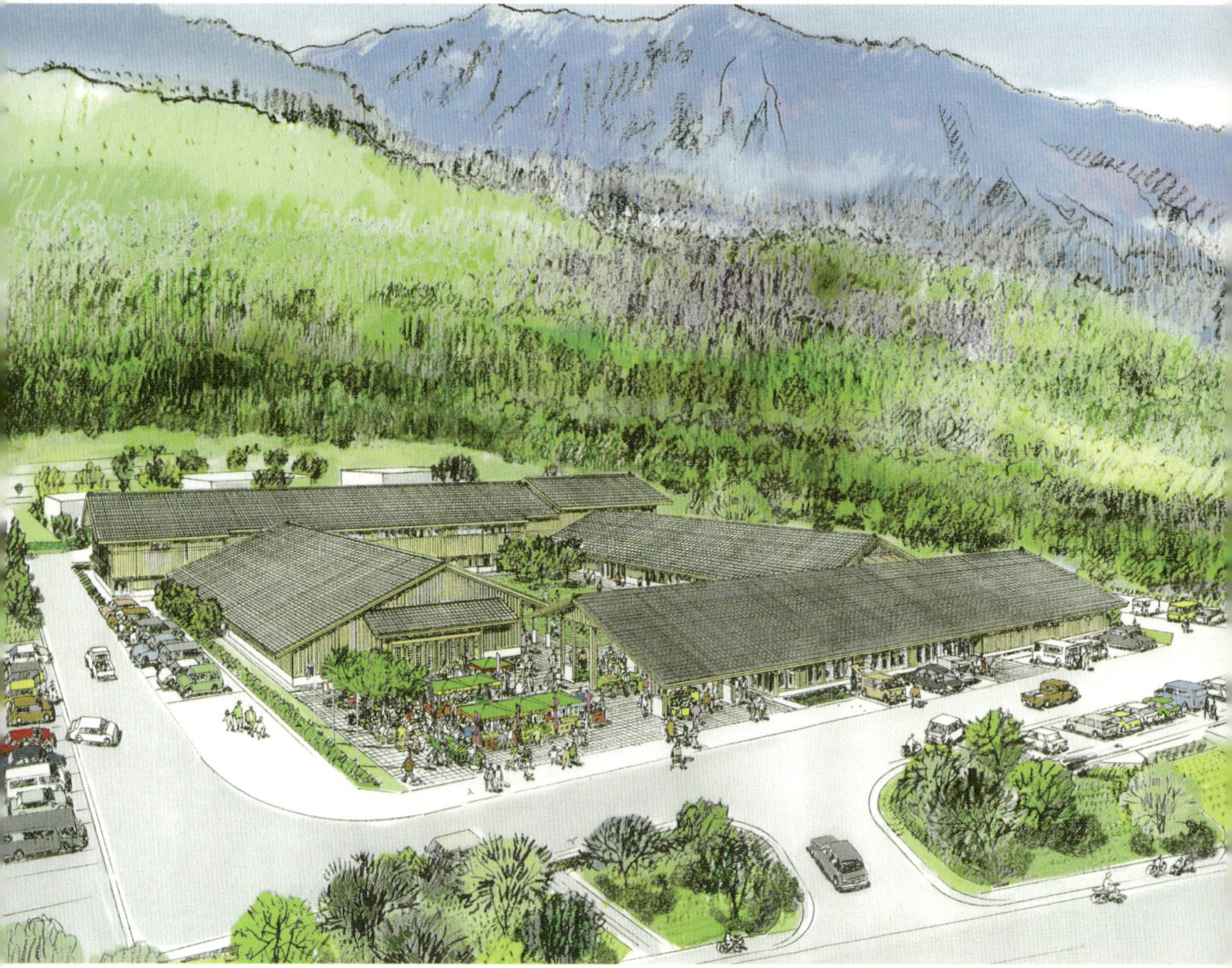

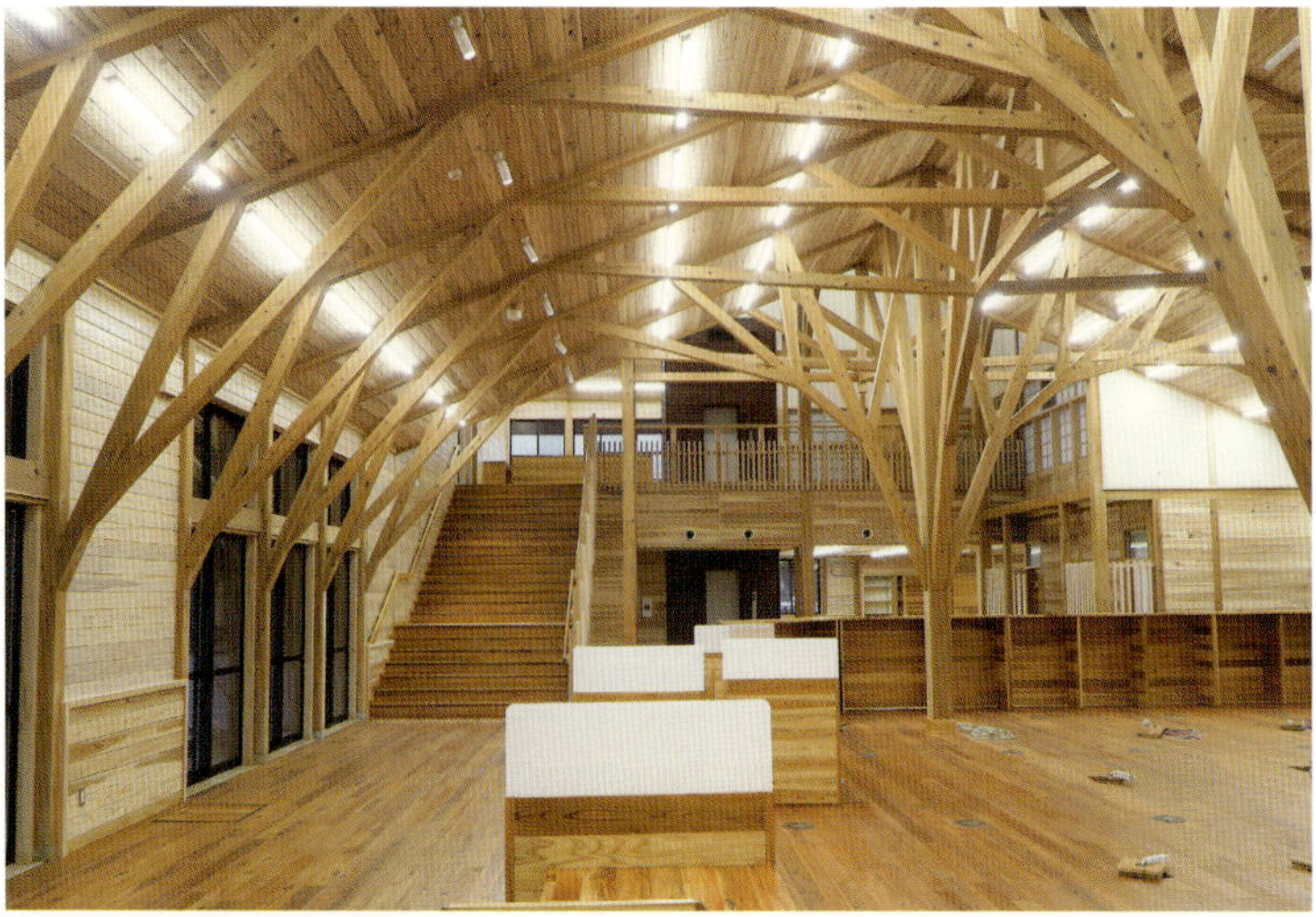

建物名——屋久島町庁舎
所在———鹿児島県熊毛町小野瀬田849
用途———庁舎
設計———アルセッド建築研究所
竣工———2019年
規模———木造、一部耐火木造2階建
建築面積—3,646.91㎡
延床面積—3,959.14㎡

本書を編んだ想い

冒頭にも記した通り、本書は、三井所清典先生のこれまでの仕事や近年提唱されている事柄を、多角的な面から総合的に知っていただくためにまとめたものである。本書を通じて、先生の建築作品はもちろん、先生の建築に対する考え方とその実践が、総合的にご理解いただけたのではないかと思う。本書を終えるにあたり、改めて三井所先生の諸活動の特筆すべき点をいくつかまとめておきたい。

第一に、建築の様々な分野において、先生が様々な面で先駆的な役割を果たしている点である。先生がいち早く手がけ、現在では社会に認知されているものとしては、例えば、地方の景観まちづくりや歴史まちづくりの取り組み、新しい地域型住宅の普及の取り組み、被災地における復興住宅建設の取り組み、大規模な木造建築を建設する取り組み、公共建築に木材利用を行う取り組みをはじめ、枚挙にいとまがないほどである。

地域で地域性の豊かな作品を手掛けて名をはせた建築家は多数いる。そうした建築家の多くは、ひとつの地域でいくつもの建築をつくって名を上げ、その後、各地でその作風をいかした建築をつくっていく。それに対して、先生は有田のような特定の地域をフィールドにしつつも、いくつもの地域でそれぞれの地域の個性を重視して活動をされており、建築家としての自身の作風を前に出すことはない。先生のそうした姿勢は、多くの建築家(特に独自性や個性をいたずらに強調する建築家)とは、一線を画している。それが特筆すべき第二の点である。

先生は、様々な取り組みを行う際に、地域に存在する職人を尊重し、彼らとともに、彼らの技術が発揮できる建築をつくりあげてきた。それが第三の特筆すべき点である。先生の言を借りれば、それが「匠の技が生きる建築」ということになるのであろう。「匠の技が生きる」といっても、先述した通り、その取り組みの多くは先駆的なものなので、職人達にとっても、新しいチャレンジであったはずで、生半可な腕ではできないものであったことは容易に想像される。そのせいもあって、各地に先生の熱烈なファンの個性的で腕のある職人達が存在する。このことも特筆すべきことかもしれない。

個性的な職人達はもちろん、研究、教育、設計等の様々な活動を通して、多くの人々に影響を与え、優れた後継者達を多数養成してきたのも、先生の特筆すべき点といえるだろう。先生が教鞭をとられていた芝浦工業大学の教え子達、先生が主宰するアルセッド建築研究所の所員に加え、それ以外にも先生を師としてひそかに仰ぐ関係者は多いのではないだろうか。

三井所先生は、本年（２０１９年）２月に傘寿を迎えられる。じつは本書は、それを機にまとめようと企画されたものである。先生は、いたって壮健で、アルセッド建築研究所の代表として様々な建築に関わるかたわら、日本建築士会連合会の会長の重職も務めておられる。そうしたなかで、「生業（なりわい）の生態系の保全」の提唱をはじめ、建築の在り方や建築に対する考え方を問い続け、これからの社会に必要な建築の姿を発信し続けている。

多忙ななかで、本書の発行という余計な手間をおかけしてしまったが、お体をいたわりつつ、今後も社会のために、お元気で活躍を続けられ、我々心許ない後進に必要な道を示していただきたいと願う次第である。

刊行委員会代表　後藤　治

あとがき

工学院大学の後藤治理事長と寺院や民家等の文化財から一般の住宅まで幅広く手掛けている棟梁の岩瀬繁さんの誘いを受け、3回の公開講義をさせてもらった。近年特定のテーマで講演することはたまにあるが、今回は地域と住まい、木造建築、まちづくりに関して思索したり、実践したりしてきた40年余りの活動を一気にお話する機会をいただいた。時間の問題もあったが、大事な地域活動で触れることができなかったことも多く、ここで一部補足したいと思う。

最初は、私やアルセッド建築研究所のその後の生き方に大きく影響した佐賀県有田町での「まちづくりとしての建築設計活動」だった。そこで有田の自然的風土と社会的風土と建築は深く関係しており、その風土の中で育まれた住まいや一般の建築、町並みや集落の風景は、その土地にしかないもので、その土地の個性になっているということを知った。焼物の町での最初の仕事として有田の象徴ともなるべき国際陶磁美術館（現在の佐賀県立九州陶磁文化館）の設計に携わったので、どうしても有田の風土を意識せざるを得なかったのである。有田の自然や歴史、町並みや集落についてはもちろん、特に伝統的な有田焼（伊万里や古伊万里様式、柿右衛門様式や鍋島様式等の焼物）の歴史やそのつくり手や売り手の気質を知ることは重要であった。その美術館構想づくりに携わるかたわら、有田町の青木類次町長と中原隆企画課長から、さまざまな問合せを受け、次第に有田に入り込むことになっていった。その初めは、有田町長期総合開発計画の策定委員*になって10年にわたりそれからの有田の総合計画に関わったことで、否応なく有田の

＊ 下平尾勲（しもひらお・いさお、1938年～2007年。経営学・経済学者）福島大学名誉教授（当時・佐賀大学助教授）と一緒に委員の指名を受けた

歴史、現状、未来に深く触れることになったのである。また、九州陶磁文化館の竣工後ギャランティエンジニアのつもりで、当面の新しい文化館の面倒をみようと決心し、東京の事務所から清水耕一郎君、他3名を有田に派遣し、アルセッド建築研究所佐賀事務所を設けた。その時、横浜市の田村明企画調整局長を中心としてまとめられていた横浜市の「都市計画の実践的手法」（『ＳＤ』別冊Ｎｏ．11）を唯一のまちづくりの参考書として持参してもらった。4人は文字通り有田に根づき、有田の人々と交流を深めながら、「まちづくりとしての建築づくり」に邁進した。竣工間もない九州陶磁文化館の初期に発生するいくつかのトラブルを納めながら、先人陶工之碑、佐賀県立有田窯業大学校、佐賀県立有田工業高等学校、佐賀県窯業技術センター、有田焼参考館等の設計監理の他、有田地域適合型住宅計画策定やその後の有田ＨＯＰＥ研究会活動の主要メンバーとして地元の設計者・工務店と協働して「焼物に負けない住まいと町並みづくり」に務めた。途中からメンバーも増え、そのメンバー達の地元意識を豊かにもった活動があって有田のまちづくりは進んでいった。

アルセッドの有田での地域活動は少しずつ県外にも知られるようになって、有田以外の地域の応援を頼まれるようになった。その最初が富山県で旧八尾町のＨＯＰＥ計画の設計者や工務店、大工達に有田ＨＯＰＥ研究会の活動状況を伝える依頼で、私が一人で行くより有田ＨＯＰＥ研究会の活動メンバーと一緒に訪ねる方がさまざまな立場から、いろいろ具体的な情報が伝わると思い6人で訪ね、両地域の活動メンバーによる有益な交流ができた。次の富山県旧上平村の克雪住宅タウン計画には委員として参加し、富山のコンサル・設計事務所*と協働しながら雪下ろしが不要な克雪住宅と克雪タウン計画を支援した。富山では県庁にいた川崎政善さんに富山の各地を案内してもらい、それぞれの地域性について広くて深い示唆を受けた。その豪雪地域の体験が

＊ 創計画研究所・創建築事務所

後の福島県旧舘岩村のＨＯＰＥ計画で活き、さらに豪雪地の山古志の復興住宅に繋がった。富山ではさらに工務店の団体である富山県優良住宅協会の支援をしたが、アルセッドの大倉靖彦君、武田光史君等の協力を得て、８年間続き、工務店の近代化の視点からさまざまな支援をした。

例えば、その2年目に4つのグループに分かれた共同設計を試み、このグループに住宅設計に熟達した地元の４人の建築家を県庁に相談して選んでもらい、グループの瀕繁な相談と指導を担ってもらった。４人の建築家の選定には「大工の技術に敬意をもっている建築家であり、大工に馬鹿にされない建築家であること」を条件にして、期待どおり工務店に理解の深い実に適切な建築家を選んでもらい、工務店の人達との協働がたいへんうまくいった。協働設計した住宅のうち3戸を富山県住宅供給公社の好意で建設することができ、文字通り協働建設を体験し、普段は全くない工務店同士の技術交流が具体的工事の中でさまざまなされることになった。その3戸の住宅を販売するための顧客対応の接客技術の講習もみんな一緒にできた。さらにその3戸の建設状況が富山地域住宅のために務める工務店の姿として新聞やテレビで報道されたこともあり、このプロジェクトを通して地域の中小工務店は自信と誇りを培うことができたと思う。私の気持ちは富山を第二の故郷と思うほどになっていった。

富山県中沖豊知事依頼の全天候型のドームの3年間の研究[*1]にも参加でき、その最初の試みとして直径50ｍほどの落雪型の木造ドーム、岩瀬健康スポーツドームの設計[*2]に携わった。その工事は県内中堅の建設会社が見事に実現させた。平成4年のことで、出雲ドームとほぼ同時期で、ドームはまだ大手ゼネコンが設計施工で建設する時代であった。また、記憶に鮮明に残っていることは、あの東日本大震災の日に、富山県建築設計監理組合の中大規模木造建築の発表会も行っていたことである。6件の発表すべて地元建築家の仕事で、中大規模木造に関して当時全国で最も進んでいたと確信していた、発表後、懇親会に移る途中で津波による東北各地の被害を目にし

＊1　富山県は一般財団法人日本建築センターに研究を依頼した

＊2　アルセッド建築研究所と富山県設計監理協同組合とのＪＶ
幕屋根に関して石井一夫横浜国立大学教授の研究支援を受けた
木構造＝遠山一級建築事務所

て、全員息を飲む程驚いた。

島根県西部の石見地方の設計事務所と工務店の研究グループ「石見流のすまい研究会」とは5年のお付き合いをした。益田市の建築家篠原亨さんの依頼で、有田の清水君と共に勉強会に参加し、石見流すまい研究会の設立から関わることになった。会の目的は、地域の設計事務所と工務店が一緒に地域型住宅の設計と工事の技術の向上を計ることと石見地方の特徴である赤瓦の風景を守ることであった。最後の年は地元ディベロッパーの好意で開発団地の第一期工事の導入部に赤瓦の町並みをつくることになり、設計者と工務店が協働した住宅が並んだ。そこでは大手プレハブメーカーの2社も赤い屋根の町並み形成に協力してもらったが、石見流住まい研究活動の成果としてみんなで喜んだ。

福井の越前大野市では、伝統的な平入りの瓦屋根の町並みが優れている大野の住まいのあり方研究会メンバーとして、大野市の肝いりで地元の設計者を募って活動した。雪国大野での地域型住宅についての勉強会であるが、既存の町並みの中での新築設計のあり方と町はずれで戸建住宅団地の計画をし実現した。建設省建築研究所の岩田司さんや地元のコンサルの栗本慎司さんとは大野での応援を続け、大野大工塾の開催にまで発展した。

東北大震災で被災した宮城県女川町の漁村集落・竹浦の高台移転の支援は公益社団法人日本建築士会連合会で行った最初の支援であった。竹浦は15mの津波に襲われ壊滅し、全戸全世帯が高台移転をすることになったが、住民有志の山古志の復興の視察がきっかけで支援することになった。日本建築士会連合会からは山中保教参与(当時)と森崎輝行まちづくり委員長、宮城県建築士会砂金隆夫会長が参加した。山を削った高台の平地には高盛土の場所があり、有田の経験から高盛土部分を避け切土の部分だけに住宅を建てることを条件に、自立再建住宅と復興公営住宅が共存する団地計画に漕ぎ着け、町並み景観を配慮した計画が住民のワークショップでまとまり、個別設計は宮城県建築士会石巻支部の建築士の有志が担当した。ここでは、漁民の生業の実情と気質から小さな未完成の住宅の実現は叶わなかった。湾内の船上から見上げる復興集落の風景は竹浦の漁民の誇りとなっている。

　奈良県十津川村は東日本大震災と同じ年の年9月の豪雨による土砂崩れで公営住宅が被災した。村は蓑原《みのはら》敬さんの指導を得た更谷慈禧《さらたによしき》村長のリーダーシップのもと、県の強力な応援（担当大須賀芳夫さん）を受けて復興に取り掛かり、指名プロポーザルで選定され設計支援を行うことになった。プロジェクトのコーディネーター役は、環境設計研究所の金丸宜弘さんが担った。十津川は平場の少ない土地柄で、多くの住宅が斜面の一部を削った奥行の浅い宅地に横に長い住宅が建っている。吹きつける風雨が強いためであろう、切妻屋根の妻部と桁行軒先の雨除けの板張りが特徴的な住宅の外観である。アルセッドのメンバーの熱の入った調査で、25の十津川住宅の特徴が抽出発見され、大工と主婦の人達とのワークショップで平面プランと姿・形が出来上り、まず復興住宅モデル2棟が建設されました。

　この2棟のモデル住宅は復興住宅のモデルであると同時に、十津川の林業の6次産業化を目指す村の戦略的モデル住宅で、地元の大工工務店の修練の場となり、十津川住宅の広報モデルとしての意味がある。実際の復興公営住宅は斜面地の畑や空地を見つけ、一戸ずつ丁寧に計画して斜面地の集落の中に挿入していきました。十津川村は復興公営住宅の終了後、介護の必要な高齢者対策として、介護しやすく、村民の交流の場ともなる福祉住宅群として「高森のいえ」を継続して計画し、その高齢者居住ゾーンの設計に引き続き携わることになった。山間地で散在する集落の福祉事業に参画できたのは貴重な体験だった。

　日本建築士会連合会と熊本県建築士会が連携して取り組んだ熊本県宇城市の木造応急仮設住宅は、熊本県建築士会宇城支部の会員の工務店が建設に携わった。ここでは木材と部品の調達が課題で一般社団法人木と住まい研究会の協力によって実現することができました。その後、熊本県建築士会を応援した自立再建の復興住宅の計画と建設という日常の設計や施工とは違う体験を地元建築士達が実感することになって、災害復興と平常時の建設活動の関係を改めて考える機会となった。

これまでの40年にわたる地域の建築・まちづくり活動を体験して、地域の力がいかに大切であるかを痛感しているが、その地域力はポテンシャルとしてはそれぞれ高いものがあるにもかかわらず、バラバラでまとまっていないので力を発揮できる状況にはなっていない。それぞれの地域では同業種間の連携もできておらず、関連する異業種間の連携は全くないといっていいほど分断されている。それがほとんどの地域の現状である。地域の社会資本といえる地域の力が分断されたままで、進歩発展を信じた自由競争主義の気分から抜けきらない状態では、新しい時代を迎える準備に取り掛かることはできない。

それが、中越地震や東日本大震災、熊本地震といった非常時に意識され、大慌てにその編成に取り掛かり、なんとか形は整えることができ、いくつかは有効な活動に結びつくこともできたが、全く一部のことである。それは、平常時に培い、少しずつでも実践していく状態でなければ、非常時に満足な対応はできない。地域の中での「同業種および異業種間の連携」と「協働」と「生業の生態系の保全」という概念で社会の構造、社会のシステムとして確立していかなければ、これからの社会を切り拓いていくことはできない。

＊

3回の公開講義をまとめて本にするため改めて見直し、講義で触れることができなかった大事な事例を補足している中で、私は幾度もいろんな場面で恩師内田祥哉先生の考えや受けた教えを回想することになった。第1章の後に「陶工のまち有田と私」（『住宅建築』1988年9月号）を再掲させていただいたのは、内田先生の有田への想いと有田の建築や環境についての考えが明らかにされているので、是非熟読してもらいたいと思ったからである。日本的な木造建築についての先生の考えや教えは、講義の中でかなり触れたつもりである。私自身の活動を振り返ってみる時、先生の大きな掌の上であっちに行ったり、こっちに行ったりしている気分になるのは、たくさんの細かい考えや大きくて緩やかな指導が身に染み込んでいるためであろう。師と弟子の関係についてかねてから感じていたことである。

最後になりましたが、企画から出版まで強力に推進していただいた後藤治工学院大学理事長、岩瀬繁棟梁、建築思潮研究所の小泉淳子さんの3人の力がなかったらこういうかたちで本としてまとまることはなかったと思い、深い感謝と御礼の意を表したい。また、出版にあたりご支援いただいた刊行委員会の皆さんや山口徹さんをはじめ、芝浦工業大学の卒業生の皆さん、3回の公開講義に足を運んでいただいた皆さんに深甚なる感謝の意を表し、御礼を申し上げる次第である。

三井所清典

特記なき写真・図版提供＝アルセッド建築研究所
120頁～139頁作図＝TRON/OFFice

著者略歴

三井所清典（みいしょ・きよのり）

1939年　佐賀県神埼市に生まれる

1963年　東京大学工学部建築学科卒業

　　　　ＲＡＳ建築研究所同人参加

1968年　東京大学大学院博士課程修了

　　　　芝浦工業大学工学部建築学科講師

1970年　アルセッド建築研究所設立　現在に至る

1982年　芝浦工業大学工学部建築学科教授

2001年　ＮＰＯ法人　木の建築フォラム代表理事、2013年退任

　　　　東京建築士会港区支部「港会」会長

2006年　芝浦工業大学工学退職、芝浦工業大学名誉教授

2007 年　一般社団法人 東京建築士会会長、2013 年退任

2012 年　公益社団法人 日本建築士会連合会会長。現在に至る

主な受賞歴

1981年　建築業協会賞（建築業協会）
　　　　佐賀県立九州陶磁文化館
1983年　日本建築学会賞・作品部門（日本建築学会）
　　　　佐賀県立九州陶磁文化館
1986年　手づくり郷土賞（建設省）
　　　　トンバイ塀のある裏通り整備
　　　　建築士事務所協会奨励賞（日本建築士会事務所協会連合会）
　　　　賞美堂本店・其泉工房・宿房
1990年　福岡県建築住宅文化大賞・いえなみ部門（福岡県）
　　　　北九州市営団団地ビレッジ香月
1995年　建築業協会賞（建築業協会）
　　　　東京建築賞・最優秀賞（東京建築士事務所協会）
　　　　明治神宮神楽殿
1997年　作品選集及び作品選奨（日本建築学会）
　　　　神野御茶屋　隔林亭
　　　　建築業協会賞（建築業協会）
　　　　東京都立晴海総合高等学校・都立短期大学
1998年　奈良福祉まちづくり施設優秀賞（奈良県）
　　　　飛鳥学院保育所　子育て支援センター
1999年　木材活用コンクール最優秀賞（日本木材青壮年団体連合会）
　　　　飛鳥学院保育所　子育て支援センター
2006年　木の建築賞・コンテンポラリーウッド賞（木の建築フォラム）
　　　　宮崎県木材利用技術センター
2007 年　木の建築賞　選考委員会特別賞（木の建築フォラム）
　　　　山古志における自立再建住宅の支援
2008 年　地域住宅計画賞（地域住宅計画推進協議会）
　　　　長岡市山古志地域における「中山間型復興住宅」
2013 年　地域住宅計画賞（地域住宅計画推進協議会）
　　　　十津川村復興モデル住宅
2015 年　福島県建築文化賞・特別部門賞（福島県）
　　　　会津坂下町気多宮街なみ交流センター
2016 年　都市住宅学会・業績賞（都市住宅学会）
　　　　柏崎市えんま通り商店街におけるまちづくり市民事業による
　　　　住宅再生と市街地復興プロジェクト
2017 年　木の建築賞・木とふれあい建築賞（木の建築フォラム）
　　　　道の駅あいづ

生業《なりわい》の生態系の保全　その建築思想と実践

発行日———2019年2月7日

著者———三井所清典

編集人———『生業の生態系の保全』刊行委員会

後藤治（代表）・岩瀬繁・大倉靖彦・籾井玲・河野淳・中村幸司

編集所———建築思潮研究所（代表 小泉淳子）

〒130-0032 東京都墨田区両国4-32-16 両国プラザ1004

電話 03-3632-3236　FAX 03-3635-0045

発行人———馬場栄一

発行所———建築資料研究社

〒171-0014 東京都豊島区池袋2-38-2 COSMY-Ⅰ4F

電話 03-3986-3239　FAX 03-3687-3256

印刷・製本——株式会社 埼京印刷

ISBN978-4-86358-614-7